At the Cross

제임스 티소, 우리의 구원자는 십자가 위에서 무엇을 보았는가?
James Tissot, What Our Lord Saw from the Cross (French, 1836-1902)
(Ce que voyait Notre-Seigneur sur la Croix)

십자가에서

Originally published by InterVarsity Press
as *At the Cross* by Richard Bauckham and Trevor Hart.
ⓒ1999 by Richard Bauckham and Trevor Hart.
Translated and printed by permission of InterVarsity Press,
P.O. Box 1400, Downers Grove, IL 60515, USA.

Korean Edition ©2021 by Korea Touch Books
2nd floor, 800, Tongil-ro, Deogyang-gu, Goyang-si, Gyeonggi-do, Republic of Korea

이 책의 한국어판 저작권은 미국 InterVarsity Press와 독점 계약한 터치북스에 있습니다.
신저작권법에 의하여 한국 내에서 보호를 받는 저작물이므로 무단전재와 복제를 금합니다.

예수님을 만났던 사람들이 본 십자가의 의미

# 십자가에서

리처드 보컴

트레버 하트

**터치북스**

## 추천의 글

"십자가에 한 걸음 한 걸음 다가가 결국
그 아래에 무릎 꿇게 만든다."

성서에 대한 학자들의 글은 고개를 끄덕이게 하지만 가슴을 치는 일은 드물다. 반면 성서에 대한 문학가들의 글은 가슴을 치기는 하지만 고개를 갸웃하게 만들 때가 많다. 이 책은 탁월한 신학자 두 사람이 십자가와 관련된 성서 본문을 학문적으로 연구하고 문학적으로 풀어 쓴 보기 드문 작품이다. 두 저자는 독자를 성서 본문으로 이끌어 들여 스스로 보고 느끼고 생각하고 질문하게 만든다. 자주 고개를 끄덕이게 만들고, 거듭 가슴을 울린다. 그러는 동안에 독자는 예수님의 십자가에 한 걸음 한 걸음 다가가 결국 그 아래에 무릎 꿇게 만든다.

와싱톤사귐의교회 **김영봉 목사**

> "설교 노트에 모판 옮기듯 그대로
> 실어나르고픈 유혹까지 든다."

성경의 단어와 단어 사이, 절과 절 사이 틈새 메꾸는 방식이 인상적이다. 이 책은 공허한 주장이나 상상력에 기대지 않고 역사 문화 자료를 꺼내 담담히 들려주다가, '우리였다면 어떻게 했을까?'라며 훅 들어온다. 성경의 인물과 사건을 보는 관점은 독특하지만 통전성을 잃지 않는 균형감이 돋보인다. 설교 노트에 모판 옮기듯 그대로 실어나르고픈 유혹까지 든다. 장마다 제공되는 '기도와 묵상의 글'과 다른 작가들의 글은 각 장 내용을 되새기며 독자 자신의 것으로 체화할 수 있도록 배려한다. 독서 후기를 한 구절로 정리하면 '소설도 아닌 것이 소설 같고, 주석도 아닌 것이 주석 같은 메시지', '작지만 보석처럼 빛나는 책'이다.

중앙루터교회 **최주훈 목사**

추천의 글 · 6

들어가는 글 · 10

**1장** 기억해야 할 여자
## 베다니 마리아 · 14

**2장** 배신자가 된 사람
## 가룟 유다 · 34

**3장** 실패자
## 베드로 · 62

**4장** 예수님을 참을 수 없던
## 가야바 · 86

**5장** 스스로 아무 결정도 내릴 수 없던
## 본디오 빌라도 · 102

**6장** 죽을 고비를 넘긴
## 바라바 · 114

차례

**7장** 억지로 십자가를 진
**구레네 시몬** · 126

**8장** 어둠을 견뎌낸
**막달라 마리아** · 150

**9장** 십자가 앞에 선 뜻밖의 증인
**백부장** · 172

**10장** 하나님 나라를 바라본
**니고데모** · 190

**11장** 진리에 대한 증인
**예수님이 사랑하신 제자** · 214

## 들어가는 글

예수님의 고난과 죽음을 기록한 복음서에서 이야기의 주인공은 예수님이다. 하지만 그 이야기에는 첫 수난일 사건 그리고 예수님과 매우 다양하게 얽혀 있는 여러 인물이 등장한다. 우리가 상상력을 발휘해 사건 속으로 들어가 그 이야기 안에서 자신을 발견하고, 우리를 위해 고난 받으시고 죽으신 예수님께 반응할 수 있는 방법 가운데 하나는 그 인물들에 대해 알아가면서 그 사건을 그들의 관점에서 보는 것이다. 이 책은 바로 그 열한 명의 인물들에 대한 기록이다. 예수님과 그분의 십자가가 어떻게 열한 명의 삶을 변화시켰는지를 묵상할 때 예수님과 그분의 십자가가 새롭고 깊이 있게 독자들의 삶에 다가올 것이다.

복음서는 이들 열한 명 가운데 일부만 자세히 기록했지만 주어진 설명을 바탕으로 그 상황 속에서 묵상을 통해 상상력을 발휘해 본다면 각각의 인물을 충분히 되살려볼 수 있다. 복음서의 서사는 의도적으로 절제하면서 필수 요소만을 설명하고 나머지 대부분을 상상에 맡김으로써 독자들을 이야기 한가운데 들어오도록 초청한다. 복음서 이야기의 인물들을 상상력을 발휘해 깊이 생각해보는 일은 기도와 묵상의 삶이 더 깊어지도록 돕는다.

이 책은 단순히 한 번 읽고 말 책이 아니다. 각 장마다 첫 부분에 주제 본문의 성경구절을 표시했다. 책을 읽는 동안 또는 이후에 다시 그 본문을 묵상해 보기를 추천한다. 각 장의 내용은 독자가 다시 성경 본문으로 돌아가 묵상하며 스스로 본문과 대화할 수 있도록 도울 것이다. 각 장 마지막의 "기도와 묵상을 위하여"는 독자가 스스로 기도할 수 있는 출발점을 제공한다. 여기에는 묵상을 돕는 다른 작가들의 글도 인용했다. 헬렌 퍼스Helen Firth의 판화는 각 장의 주제와 내용을 잘 드러내준다. 그 작품들은 독자가 복음서 인물들의 이야기를 상상하며 그 안에 들어갈 수 있도록 도와줄 것이다. 본문을 읽으며 각 작품을 함께 묵상하기를 추천한다.

이 책은 저자들이 스코틀랜드 세인트앤드류스의 세인트앤드류스 교회에서 1996년과 1997년 두 해 동안 예배를 인도하면서 만들어졌다. 우리를 초대해 준 교구 목사 밥 길리스, 여러 면으로 예배를 도와준 교인들, 그리고 우리에게 아낌 없는 감사와 격려를 보내준 많은 분들에게 고마움을 전한다.

"이에 예수께서 이르시되 아버지 저들을 사하여 주옵소서
자기들이 하는 것을 알지 못함이니이다 하시더라"

**누가복음 23장 34절**

## 1장
# 기억해야 할 여자
# 베다니 마리아

막 14:3-9, 요 11:55-12:7

예수님의 십자가 여정은 언제 시작되었을까? 최대한 거슬러 가보면 요한의 세례 사건이고 좀 더 이후로 보면 변화산 사건으로 볼 수 있다. 바로 그때부터 예수님은 제자들에게 하나님이 예수님을 위해 예비하신 고난, 버림받음, 그리고 죽음에 대해 가르치기 시작했다. 물론 제자들은 그것을 제대로 이해할 수도 없었고, 또 이해하려고 하지도 않았지만 말이다. 예수님의 마지막 예루살렘 방문을 십자가 여정의 시작으로 볼 수도 있다. 하지만 예수님이 죽음의 위험을 향해 곧장 걷고 있는 사실을 주변 모든 사람들이 분명히 알게 된 시점은 마지막 유월절 만찬 엿새 전 예수님이 베다니에

도착하셨을 때다.

예루살렘 언덕 바로 너머에 있는 베다니 마을은 예수님이 종종 지인들인 마리아와 마르다, 그리고 나사로 가족과 함께 지내셨던 곳이다. 그로부터 얼마 전 마리아와 마르다의 요청으로 그곳에 오셨을 때 예수님은 죽은 나사로를 다시 살리셨다. 그때쯤 이미 예수님을 체포하려는 유대인 지도자들의 의도가 분명해졌기 때문에 예수님은 예루살렘에서 멀리 떨어져 계셨다. 나사로의 부활 사건 이전에도 예루살렘은 이미 예수님께 위험한 곳이었지만, 그 사건이 있은 후 더 위험해졌다. 나사로 부활 사건은 삽시간에 널리 퍼졌고, 대제사장들은 예수의 명성이 가져올 정치적 여파를 두려워했다. 그들은 가장 중요한 유대인 절기인 유월절에 예수님이 다시 예루살렘에 방문하실 것을 예상했고, 그때 예수님을 죽일 계획을 세웠다. 유월절 일주일 전부터 수많은 순례자들이 예루살렘과 그 주변 도시에 몰려들었을 때, 유대인 지도자들은 예수를 지명수배했다. 예수를 본 사람은 누구든 신고해야 했다.

예수님이 제자들과 베다니에 도착했을 때, 분명 그곳 지인들이 제일 먼저 전한 말은 예수님이 위험에 처했다는 사실이었을 것이다. 그럼에도 그들이 예수님을 초대했을 때,

그들은 단지 예수님을 접대한 것이 아니라 지명수배자를 숨겨준 것이다. 당연히 그들은 예수님의 베다니 방문을 비밀로 했고, 유대인 권력자들에게 신고해야 할 사람을 숨겨줌으로써 위험을 자초하고 있다는 사실도 분명히 인지하고 있었다.

베다니 식구들이 예수님이 도착하신 그날 저녁 만찬을 준비하는 동안, 그곳에는 곧 닥칠지도 모를 위험에 대한 긴장감이 감돌고 있었다. 아마도 몇몇 제자들에게 그 위기 상황은 흥미진진함으로 다가왔을지도 모르겠다. 그들은 예수님이 순순히 체포되실 것이라고 생각하지 않았다. 오히려 하늘나라 군대를 일으켜 초자연적 권능으로 예루살렘을 장악하실 것을 기대했다. 예수님을 좀 더 많이 알았던 다른 제자들은 불길한 예감과 막연한 두려움에 휩싸였다. 지난 몇 년 동안 자신들의 삶을 바쳤던 위대한 목표가 이제 곧 비극으로 끝을 맺게 되는 것일까? 제자들이 자신의 삶을 드려 헌신한 이 예수라는 분은 지금 그들이 보기에는 어리석고 무모한, 정말 이해불가한 죽음의 길을 자초하고 있는 것 같았다.

마리아와 마르다 자매에게 이 유월절 만찬은 매우 특별했다. 오빠 나사로를 살려주신 생명의 은인에게 감사의 마음을 표현하는 기회였기 때문이다. 죽었다 다시 살아난 오빠, 그리고 오빠를 살려주신 분과 함께 기쁨을 나누는 자리였다. 하지만 그 기쁨과 즐거움 뒤로 이 시간이 예수님과 함께하는 마지막이 될지도 모른다는 두려움을 지울 수 없었다. 다음날 아침 계획대로 예수님이 감람산에 오르시면 분명 유대인 권력자들에게 체포당하실 것이다.

두 자매 중 아마도 언니인, 좀 더 실천적이고 책임감 있는 마르다는 매우 전통적 방식으로 예수님께 사랑과 감사의 마음을 표현한다. 분명 시중드는 사람들이 따로 있었겠지만 자신이 손수 음식을 준비하고 대접한다. 그것은 깊은 감사의 마음을 표현하는 방법이었고 물론 예수님도 그런 마르다의 마음을 이해하고 받아주셨다. 마르다의 방식은 전혀 문제될 것이 없다. 그런데 마리아는 전통과 관습에서 약간 벗어난 삶을 살았고, 예수님의 제자가 된다는 것에 대한 통념을 깨기를 주저하지 않았다. 그리고 이제 만찬에 참석한 대부분의 사람들을 경악하게 만드는 행동을 한다.

이때 마리아가 한 행동을 이해하려면 당시 이스라엘의 손님접대 문화를 알아야 한다. 손님이 저녁식사 자리에 도착했을 때 주인이 가장 먼저 해야 할 일은 손님이 발을 씻을 수 있도록 준비하는 일이었다. 고대 중동지방의 길을 하루 종일 샌들을 신고 걸어 뜨거워진 발은 흙먼지와 냄새 때문에 반드시 씻어야 했다. 손님의 발을 씻는 일은 하인들이 하는 일 중 가장 천하고 불쾌한 일이었다. 그런 일을 할 하인이 없는 집은 손님이 직접 발을 씻을 수 있도록 주인이 물과 수건을 준비하는 것이 당시 관습이었다. 집주인이 손님의 발을 직접 씻어주는 일은 상상조차 할 수 없었다. 초대한 손님을 위해 주인이 해야 할 또 한 가지는 오늘날 비누와 같은 용도로 사용한 향유를 손님 머리에 발라주는 일이었다.

마리아는 어떻게 했을까? 마리아는 그 두 가지를 모두 직접 예수님께 해드렸다. 그것도 주위 사람들이 깜짝 놀랄 만큼 귀한 것을 낭비하면서. 마리아는 매우 값비싼 향유를 옥합에 담아 예수님의 머리에 향유를 바르는 데 사용했다. 1세기 당시 향유는 히말라야처럼 아주 먼 곳에서 수입했기 때문에 값이 매우 비쌌다. 마리아가 사용한 향유의 가격은 당시 한 가족의 일 년 생활비와 맞먹는 액수였다. 옥으로 만들어진 옥합 자체도 매우 귀했는데, 향유를 최대한 원상태 그대로 보존하기 위해 옥합의 주둥이 부분을 깨뜨려 향유가 흘러나오게끔 만들었기 때문이다. 마리아는 이 귀한 향유를 예수님의 머리에 바르는 것으로 만족하지 않고 그분의 발까지 씻는 데 사용했다. 하인을 시키는 대신 마리아는 직접 예수님의 발을 씻겨드렸고, 손님에게 사용하도록 내주는 물과 수건 대신 감송향을 사용해 자신의 머리카락으로 예수님의 발을 닦아드렸다.

마리아는 묵묵히 그 일을 했다. 그런 면에서 마리아는 유대 전통을 지켰다. 이런 잔치에서 여자가 남자들이 나누는 대화의 흐름을 깨는 일은 상상할 수 없었다. 하지만 마리아의 행동은 백마디 말보다 더 큰 파장을 일으켰다. 마리아는 전통과 관습에 구속받는 사람이 아니었다. 마리아는 전통적인 일을 완전히 깨는 파격적인 방식으로 실천했다. 예수님에 대한 사랑이 낭비 행위라는 사회 통념을 깨는 방식으로 표현되었다. 마리아는 자신의 마음을 표현하기 위해 그에 걸맞는 무엇인가를 해야만 했다. 예수님은 바로 그 점을 보셨다. 예수님은 마리아의 행위를 소중히 여기고 칭찬하신다. 그리고 온 천하 복음이 전파되는 곳마다 마리아가 한 일이 그녀가 남긴 어떤 말보다 사람들에게 더 오래 기억될 것이라고 말씀하신다.

그렇다면 마리아가 예수님께 표현한 것은 무엇일까? 물론 예수님을 향한 사랑과 감사의 마음, 그 이상이다. 마리아는 그 자리에 있는 다른 사람들과 마찬가지로, 아니 아마도 누구보다 더 깊이 예수님이 직면한 죽음의 그림자를 느끼고 있었다. 마리아는 기쁨과 불길한 예감, 즐거우면서도 괴로운 그날의 분위기를 나눈다. 마리아는 예수님을 향한 자신의 헌신된 마음을 최대한 화려하게 표현한다. 그것이 마지막이 될지도 모른다고 생각했기 때문이다. 그것은 예수님께 드린 마지막 사랑의 낭비였다. 마치 그녀가 곧 일어나게 될 예수님의 장례를 예감이나 한 것처럼 그분의 몸에 미리 기름을 바르는 것과 같았다. 마리아는 예수님을 향한 사랑의 마음을 마지막으로 쏟아부어드린다. 마치 유족들이 죽은 사람에게 자신들의 사랑을 마지막으로 표현하는 유일한 방법인 장례를 위해 최선을 다하는 것처럼. 그것을 보고 예수님은 다음과 같이 말씀하셨다. "가만 두라 너희가 어찌하여 그를 괴롭게 하느냐. 그가 내게 좋은 일을 하였느니라. … 그는 힘을 다하여 내 몸에 향유를 부어 내 장례를 미리 준비하였느니라"막 14:6-8.

옥합을 깨뜨린 사건에서 알아야 할 가장 중요한 점은 그러한 행위를 통해 마리아가 예수님의 죽음을 받아들였음을 표현한다는 사실이다. 아마도 그 자리에 모인 제자들 가운데 유일하게 마리아만이 예수님이 곧 죽으실 것이라는 사실을 현실로 받아들였을 것이다. 예루살렘으로 가시는 길을 만류하려고 하지도 않았고 다른 몇몇 제자들이 그랬던 것처럼 하나님께서 예수님이 죽지 않도록 구해 주실 거라고 기대하지도 않았다. 나중에 베드로가 그랬던 것처럼 직접 예수님을 구하려는 생각도 하지 않았다. 마리아는 예수님의 죽음이 피할 수 있는 것이라고 생각하지 않았다. 마리아는 예수님이 죽으실 것을 예상했고, 그것을 받아들였다. 그것이 바로 마리아가 했던 사랑의 낭비가 장례를 위해 예수님의 몸에 기름을 바르는 것과 같은 함의를 갖는 이유다. 물론 그것은 마리아가 다른 제자들보다 예수님을 더 사랑했다는 의미가 아니다. 또한 왜 예수님이 굳이 죽을 것이 거의 확실한 길로 가시려는지 마리아가 이해했다는 뜻도 아니다.

다른 제자들과 마찬가지로 마리아 역시 어째서 예수님의 죽음이 그분을 향한 하나님의 뜻인지 그 이유를 전혀 이해하지 못했다. 다만 마리아는 예수님이 곧 다가올 자신의 죽음을 완성해야 할 운명으로 온전히 받아들이신 것을 지켜봤을 뿐이다. 마리아는 이해할 수 없었지만 예수님이 가시려는 길을 의심하거나 막으려 하지 않았다. 예수님을 사랑했기에, 하나님의 뜻에 대한 그분의 확신을 직관적으로 알았고 또한 그것을 받아들였다.

바로 이 점이 마리아가 중요하게 기억되는 이유다. 여기에서 예수님은 마리아에 대해 다른 누구와도 견줄 수 없는 놀라운 말씀을 하신다. "내가 진실로 너희에게 이르노니 온 천하에 어디서든지 복음이 전파되는 곳에는 이 여자가 행한 일도 말하여 그를 기억하리라"막 14:9. 복음서를 구성하는 중요한 이야기 가운데 하나로 마리아의 옥합 사건이 기록되고 전해질 것이다. 그것이 복음의 핵심을 관통하기 때문이다. 마리아의 옥합 사건은 예수님의 십자가를 미리 예감한다. 십자가가 예수님이 반드시 지고 가야 할, 하나님이 계획하신 운명임을 깨달은 사람은 제자들 가운데 오직 마리아뿐이었다.

따라서 십자가를 묵상할 때 우리는 바로 이 마리아의 통찰을 가져야 한다. 마리아가 그랬듯 우리 또한 당장은 십자가의 필요성을 이해하지 못할지도 모른다. 좀 더 나중에야 이해하게 될지도. 하지만 마리아가 그랬던 것처럼 우리도 먼저 받아들이는 것으로 시작해야 한다. 예수님이 십자가를 자신이 가야 할 길로, 자신을 향한 하나님 아버지의 뜻으로, 우리를 향한 하나님의 뜻으로, 그리고 우리를 구원하기 위한 하나님의 계획으로 온전히 받아들이신 것처럼. 인간적인 관점에서 보면 예수님은 죽지 말아야 하셨다. 예수님의 죽음은 옳지도 정당하지도 않았다. 사법 살인*이었다. 우리도 그것을 잘 안다. 하지만 예수님은 자신의 부당한 죽음을 하나님이 인도하시는 길로 받아들이고 순종하셨다. 우리가 십자가에 접근할 때에도 바로 여기에서 출발해야 한다. 마리아가 그랬듯이 예수님에 대한 사랑과 헌신으로 예수님의 죽음을 받아들이고, 예수님이 우리를 위해 죽음까지 받아들이신 그 순종의 당위성이라는 신비 안으로 들어가야 한다.

우리는 최후의 만찬에서 예수님을 둘러싼 복잡미묘한 감정들을 목격한다. 베다니에서 제자들은 예수님과 함께 있다는 사실에 즐거우면서도 앞으로 일어날 일들에 대한 불길한 예감을 떨칠 수 없었다. 마리아의 행동 역시 이러한 상황에 부합한다. 마리아의 향유는 예수님과 함께하는 기쁨을 표현하면서도 동시에 그분의 죽음을 상징하는 전조가 된다. 그 당시 사람들에게 귀했던 향유는 두 가지 목적으로 사용되었다. 만찬에서 사용하는 향유는 기쁨을 표현하고 사람들의 마음과 분위기를 북돋웠다.

구약에서 향유는 "기쁨의 기름"이라고 표현되기도 한다

---

* 기소된 사람들이 죄가 없는데도 유죄를 확정하고 사형을 선고한 후 서둘러 사형을 집행하는 일

사 61:3. 하지만 이런 종류의 향내를 풍기는 기름은 또한 시체를 방부처리하는 데에도 사용되었다. 이때 기름의 향내는 시신의 악취를 없애고 유족들의 아픔과 고통을 덜어주는 역할까지 했다. 마리아가 예수님을 위해 값비싼 향유 옥합을 깨뜨리는 장면에서 요한복음의 서사는 우리에게 상상력을 발휘해 바로 그 장소 안으로 들어가 그 향내를 음미하도록 인도한다.

요한복음은 "향유 냄새가 집에 가득하더라"라고 기록한다요 12:3. 마리아가 옥합을 깨뜨린 행위는 문자 그대로 그리고 은유적으로 집안 전체 분위기를 반전시켰다. 그렇게 예수님의 죽음을 받아들이면서 마리아는 예수님께 자신의 모든 것을 남김없이 쏟아부었다.

예수님을 향한 마리아의 사랑은 곧 닥칠 위험에 대한 불길한 두려움도 몰아냈다. 물론 그런 마리아의 행동이 곧 다가올 예수님의 죽음이라는 끔찍함을 조금이라도 가볍게 해 주지는 못했다. 시체의 악취는 죽음이 가져오는 피할 수 없는 실체다. 그러나 사랑의 향기는 그것을 변화시킬 수 있다. 마리아는 기꺼이 죽음을 받아들이고자 했던 예수님의 그 크신 사랑을 직관적으로 깨달았고 그 사랑에 대한 응답으로 자신 역시 사랑의 마음으로 그 고통을 수용한다. 예수님과 함께 있는 기쁨, 또 그와 반대로 그분을 곧 잃게 될지도 모른다는 불길한 상실감이 공존한다. 하지만 마리아는 예수님을 사랑하는 마음으로 그 모든 것을 끌어안는다. 마치 옥합의 향내가 온 집안을 다 채우듯이.

그러나 그곳에 있던 일부 사람들은 마리아의 행동을 낭비라고 깎아내렸다. 그들은 마리아의 거룩한 낭비 안에 있는 가치를 보지 못했다. 예수님과 함께 있는 마지막 순간에 자신의 모든 것을 쏟아붓고자 했던 마리아의 소망 대신 사람들은 단순히 타성적 관습에 따라 마리아의 낭비를 부정적으로 바라본다. "어찌하여 이 향유를 허비하는가. 이 향유를 삼백 데나리온 이상에 팔아 가난한 자들에게 줄 수 있었겠도다!" 막 14:4-5. 사람들의 이런 반응에 공감하기는 어렵지 않다.

예수님 당시 유대교의 경건생활에서 가장 존경받는 덕목은 가난한 자들을 돕는 의무를 잘 실천하는 것이었다. 예수님도 스스로 모든 계명을 지켰다고 공언한 부자 청년에게 단 한 가지 부족한 것을 말씀하시며 모든 소유를 팔아 그 돈을 가난한 자들에게 주라고 말씀하셨다. 하지만 지금 베다니의 만찬 자리에서 예수님은 마리아의 행동에 대한 사람들의 불평을 물리치신다. "가만두라. 너희가 어찌하여 그를 괴롭게 하느냐. 그가 내게 좋은 일을 하였느니라. 가난한 자들은 항상 너희와 함께 있으니 아무 때라도 원하는 대로 도울 수 있거니와 나는 너희와 항상 함께 있지 아니하리라" 막 14:6-7.

당연히 예수님은 사람들의 항의가 단지 마리아의 행동을 깎아내리려는 것뿐이며 그것이 지닌 중요한 의미를 간과하고 있음을 이미 알고 계셨다. "가난한 자들은 항상 너희와 함께 있으니… 나는 너희와 항상 함께 있지 아니하리라" 막 14:7. 이것이 핵심이다. 마리아는 예수님의 임박한 죽음을 받아들였고 그 상황에 응답했다. 불평했던 사람들은 마리아가 여느 때처럼 행동하기를 원했다. 그들 자신은 예수님의 죽음을 받아들이지 못했기에 무엇이 마리아로 하여금 예수님을 위해 바로 지금 자신이 할 수 있는 모든 것을 낭비하게 만들었는지 이해할 수 없었다.

다른 사람들과 달리 오직 마리아만 깨닫고 있는 지금 이 상황은 매우 특별한 것이었다. 예수님이 이 땅에 계시는 마지막 날이 다가오고 있었다. 예수님이 말씀하셨듯이 지금 이 상황은 다시 오지 않는다. "나는 너희와 항상 함께 있지 아니하리라." 우리에게는 다른 선택의 여지가 있을 수 없다. 우리는 지금 가난한 자들에게 줄 수 있었던 것을 대신 예수님께 드릴 수 없다. 예수께서 그런 의미로 재물을 취하러 오신 분이 아니라는 사실뿐 아니라 거기에는 또한 좀 더 심오한 의미가 있다. 마리아가 받아들인 십자가의 길은 바로 예수님이 가난한 이들과 가장 깊이 연대하는 길이었다. 몇 안 되는 소유물을 모두 빼앗기고, 사람들의 혐오와 경멸 속에, 사회로부터 소외되어 내버려진 채 죽음을 맞이한 예수님은 지상에서 가장 비참한 상황 한가운데로 내려가셨다. 예수님은 우리 모두, 특히 가장 절망적인 상황과 고통 속에 처한 가난한 이들과 자신을 동일시하셨다.

십자가의 길을 걷는다는 것은 단지 궁핍한 사람들에게 돈을 나눠주는 것이 아니다. 바로 가난한 자들과 더 깊이 연대하고 하나되는 일에 동참하는 것이다. 십자가로 걸어가신 예수님을 따르는 일은 그분이 가장 가난한 자들과 함께하신 하나됨 안으로 더 깊이 들어가는 것이다. 마리아가 그랬듯이, 예수님의 죽음을 받아들이는 것은 바로 그러한 가난한 이들과의 하나됨을 수용하는 것이다. 옥합을 깬 마리아처럼, 지금 우리가 예수님을 사랑한다면 그분께서 자신을 낮추고 함께하셨던 바로 그 가난한 이들을 우리 또한 사랑할 것이다.

우리는 더 이상 우리가 가진 것을 예수님께 드려야 할지

도움이 필요한 사람들과 나눠야 할지 고민할 필요가 없다. 바로 예수님께서 배고픈 자를 먹이고, 벌거벗은 자에게 옷을 입히고, 병자와 죄수를 찾아가라고 말씀하지 않으셨던가? "너희가 여기 내 형제 중에 지극히 작은 자 하나에게 한 것이 곧 내게 한 것이니라" 마 25:40.

마리아가 했던 그 사랑의 낭비를 본받아 예수님을 사랑하는 일은 우리를 위해 십자가에서 죽으신 예수님을 통해 보여주신 하나님의 한없는 사랑에 응답하는 길이다. 예수님을 사랑하고 그분의 죽음을 받아들이면서 우리는 가난과 고통 가운데 있는 자들과 함께하시는 그분의 깊은 사랑 안으로 점점 더 깊이 이끌리게 된다. 가난한 자들은 언제나 우리와 함께 있으며, 예수님 또한 우리 옆에 계신다. 바로 가난한 자들의 형제로서 예수님은 우리와 함께 계신다.

## 기도와 묵상

주님

당신을 십자가로 이끌기까지

자신을 내어주신 그 사랑을

다른 누구도 알지 못했지만

마리아는 이해하고 받아들였음을 기억합니다.

마리아를 통해,

아버지의 뜻을 따르는 온 마음을 다한 순종

우리 모두를 위해 죽기까지 자신을 내어주신

온전한 사랑을 봅니다.

마리아처럼

우리도 당신의 죽음을 우리를 위한 선물

세상을 위해 자기 자신을 주신 하나님의 선물로 받아들입니다.

마리아처럼

우리 또한 우리 자신을 당신께,

그리고 십자가의 길에 내어드리기 원합니다.

우리에게도 헤아리지 않는 사랑의 낭비를 허락하사

우리와 다른 모든 사람들의 삶을

당신을 사랑하는 향기로 채울 수 있게 하소서.

우리와 항상 함께 있는

가난한 이들에게

그리고 그들 가운데 거하심으로 언제나 우리와 함께 있는

당신에게 우리의 마음을 열게 하소서. 아멘.

## 예수님의 머리에 기름 부은 여자

사람들 가운데 나는 홀로 앉았다.
그리고 죽음의 손이 나를 붙들었다.
그 비밀스러움에 나는 한기를 느꼈다.
하나님은 멀리 계셨다.
이 두려움 때문에 어머니는 나를 잉태하시고,
이 고통 때문에 내가 세상 밖으로 나왔을까.
어머니의 자궁은 바로 이 고통을 위함인가.
어머니의 젖가슴은 고통의 잔을 마시기 위함인가.
오, 사랑하는 이가 나를 붙들어 그 품안에 안아주기를
하나님의 어두움이 나를 위로하고 이 쓴 잔이 지나가기를
내가 버림받았을 때 그녀는 내게 왔다.
아무런 희망도 고통을 덜어줄 도움도 없었을 때
그녀는 내 옆에 있었다.
무덤의 그늘 가운데 그녀는 나를 회복시켜주었다.
나의 잔은 배신으로 넘치고 있었다.
그러나 그녀는 포도주로 나의 잔을 채웠다.

나의 얼굴은 두려움으로 가득했다.

그러나 그녀는 내게 기름을 부었다.

내 머리카락은 몰약으로 흥건했다.

사랑의 향기가 나를 감싸안았다.

나는 감당하기 힘들었다.

그녀는 권위로 나를 만졌다.

그녀의 손에서,

깨어진 자를 위한 그녀의 행동에서 나는 힘을 얻었다.

그녀의 고요함은 침묵하는 자들의 소리다.

그녀를 향한 많은 불평 가운데에서도 나는 그녀를 높이리라.

그리고 잊혀진 이름들 속에서 그녀를 기억하리라.

_자넷 몰리

## 2장

# 배신자가 된 사람
# 가룟 유다

마 26:14-16, 47-50; 27:1-5

헬무트 틸리케는 히틀러의 제3제국 암흑기를 살면서 국가 사회주의 노동당 정부에 저항하다 체포된 한 사람에 대해 이야기해준다. 그 사람은 투옥되어 오랜 기간 독방에 감금되었고 유죄 자백을 강요받으며 지속적인 폭행과 고문을 당했다. 몇 개월이 지나 그는 무죄로 풀려났다. 영양실조까지 더해져 몸은 지치고 약해졌지만 그럼에도 불구하고 독일 나치 정부에 대한 그의 저항의지는 전혀 꺾이지 않았다. 그러나 석방되고 2주만에 그는 자신의 집 다락방에서 목을 맨 채 발견되었다.

그의 사건에 관심을 갖고 지켜본 사람들은 어떻게 그의

용기와 의지력이 그렇게 순식간에 무너질 수 있었는지 의아해했다. 하지만 그를 잘 알았던 사람들은 곧 그 이유를 알게 되었다. 석방되고 얼마 지나지 않아 자신의 정보를 나치 당국에 넘겨주어 체포당하게 한 사람이 바로 자신의 아들이었음을 그가 알았다는 것이다. 사랑했던 사람의 배반은 나치 정부의 잔혹한 고문도 무너뜨릴 수 없었던 그를 결국 스스로 무너지게 만들었다.

배신의 본질은 사랑하거나 신뢰했던 사람에 의해 그 관계가 깨지는 고통을 의미한다. 그 아픔은 다른 어떤 신체적 고통과도 비교할 수 없다. 마음속 깊은 곳, 불가침의 영역이 무방비 상태로 침범당하고 부서진다. 사랑하는 사람이나 친구로 인해 겪는 고통은 원수에게 당하는 고통과는 차원이 다르다.

예수님을 배반하고 유대 지도자들에게 넘겨주어 체포당하게 한 후 결국 처형에까지 이르게 한 가룟 유다가 신약성경에서 부정적으로 묘사되는 것은 당연하다. 가룟 유다에 관한 복음서 기자들의 시선은 노골적으로 부정적이다. 예수님 그리고 다른 제자들과 함께 있는 가룟 유다의 묘사에는 항상 마지막에 그가 배신할 것이라는 복선이 깔려 있다. 복음서 기자들의 눈에도 배신자라는 낙인은 절대로 잊거나 간과할 수 없는 것이었다. 심지어 예수님도 곧 자신을 배반할 유다를 두고 '멸망의 자식' '태어나지 않았더라면 자기에게 좋았을' 것이라고 말씀하신 기록이 있다. 결국 가룟 유다의 이야기는 수치와 불명예 그리고 자살이라는 자포자기로 끝을 맺는다. 자신이 저지른 일에 대한 감당할 수 없는 죄책감과 절망 속에서 외롭고 비참한 죽음을 맞이한 것이다.

가룟 유다라는 인물을 어떤 관점으로 바라볼 것인가? 어떤 감정을 가져야 할까? 분노와 혐오, 씁쓸함? 아니면 단지 더 사악한 세력에게 이용당한, 주어진 환경의 피해자 정도로 여겨도 될까? 교회의 전통적 반응은 '그렇지 않다'였다. 단테는 자신의 작품에서 가룟 유다의 마지막 운명에 대해 지옥의 가장 낮은 곳, 즉 정욕으로 인해 죄를 지은 자들을 위한 유황불 못 지옥이 아닌 하나님의 사랑을 의도적으로 거절하고 계획적으로 죄를 저지른 자들이 갇혀 있는 차가운 얼음 지옥에 갇힌 것으로 묘사한다. 가룟 유다에 대한 이런 평가에 대해 우리는 동의할 수 있을까?

매우 중요한 질문이지만 동시에 우리가 어떤 대답을 하더라도 그것은 예비적이고 잠정적인 답변이 될 수밖에 없다. 하지만 가룟 유다를 이해하는 데 있어 피할 수 없는 질문이다.

가롯 유다는 분명 끔찍한 죄를 저질렀다. 특별히 복음서 기자들은 유다에 대한 평가에 있어 매우 단호하다. 누가의 말을 빌자면 "배신자가 된" 사람이다. 가롯 유다는 스스로 역사상 가장 비극적인 단 한 가지 사건을 저지른 이로 영원히 기억된다. 그의 인생은 예수를 배신한 행위, 단 하나로 정의되어버렸다. 우리는 가롯 유다에 대해 그외 별다른 사실을 알지 못한다. 예를 들어, 불우한 어린 시절을 보냈다든지, 어떤 교육을 받았는지, 그의 부모는 어떤 사람들이었는지 등등, 한 인간의 삶을 구성하는 여러 자세한 사항들에 대해 아무것도 알려진 바가 없다.

가롯 유다에 관해 오늘날까지 전해져 내려온 사실이라고는 예수님의 마지막 일주일간 그가 저지른 배신 행위에 대한 것뿐이다. 그 운명의 날 밤, 최후의 만찬 자리를 떠나 성전 경비대장에게 예수님을 넘겨준 바로 그 사건.

복음서 기자들은 그리스도의 수난 이야기를 하면서 가롯 유다를 스승과 동료들을 저버린 배신의 아이콘으로 거듭 묘사하고 있다. 스스로 저지른 일이었지만 가롯 유다는 그 결과를 감당할 수 없었다. 그는 역사와 자신의 기억 속에서 지워버리고 싶은 자신의 배신 행위로 영원히 낙인찍히는 고통을 견딜 자신이 없었다. 그 상황에서 도망치거나 실수를 만회하려는 노력은 아무 소용이 없었다. 자신의 죄 그리고 그것이 가져온 사망과 어둠의 권세는 돌이킬 수 없는 것이었다.

가룟 유다가 저지른 단 하나의 행동으로 그를 평가하는 것은 어떻게 보면 부당하게 보일 수도 있다. 그의 배신 행위 이면에 우리가 기억해야 할 다른 많은 사실이 있었을지도 모른다. 그것이 당연하게 느껴지더라도, 세상 어느 누구도 단 한 번의 최악의 행위로 그를 다 설명할 수는 없다. 그러나 어쨌든 아무리 비극적인 일이었을지라도, 가룟 유다의 행위 자체는 악한 것이었다. 유대인 지도자들과 자신의 공모가 어떤 결과를 가져올 것인지에 대해 그는 무슨 생각을 했을까?

그가 처절하게 뉘우치는 장면을 보면 가룟 유다는 예수님이 바로 재판을 받고 십자가에서 처형당할 것이라고 예상하지 못했음을 알 수 있다. 아마도 진실을 바라보는 대신 양심의 가책에서 벗어나 마음의 평온을 찾기 위해 자신의 선택이 최선의 길이었다고 합리화했을지도 모른다. 다만 경계할 것은 어떤 기준으로 판단하든 비겁했던 유다의 배신 행위에 대해 나름의 동기를 찾아주거나 속아서 저지른 행동이라는 식으로 그 의미를 축소해서는 안 된다는 것이다. 자신들을 적대하고 해를 끼치고자 한 자들에게 예수님과 자신의 동료들을 계획적으로 넘겨준 행위는 최소한 그들의 안위는 전혀 고려하지 않았거나 아니면 의도적으로 그들을 위험에 빠뜨린 것이다. 어느 쪽이든 죄를 묻지 않을 수 없는 중대한 행위다.

역설적이게도 가룟 유다를 죄인으로 보는 기독교 전통에서 보면 그의 행동은 필연적인 것이었다. 예수님을 유대 지도자들에게 넘겨줄 배신자, 공모자가 있어야 했기 때문이다. 복음서 이야기의 구성 자체가 그것을 필요로 한다. 예루살렘으로 가는 길에서 예수님은 "인자가 죄인의 손에 넘겨져 십자가에 못박히"게 될 것을 말씀하셨다눅 24:7. 그리스도인이 구원에 대해 묵상할 때 대부분 예수님의 죽음 자체에만 초점을 두기 때문에 예수님이 죽으시기 전에 하신 말씀들은 지나치기 쉽다. 그러나 그것들을 좀 더 큰 맥락에서 살펴보면 예수님의 죽음에 대해 묵상하는 데 도움이 된다. 예수님은 단지 죽음에 대해서만 말씀하시는 것이 아니라 죽음에 '넘겨진 바 된 것'에 대해서도 말씀하신다. 여기에서 '넘겨진 바 된 것'은 전체 맥락에서 예수님의 죽음에 특별한 의미를 부여하는 매우 중요한 부분이다.

예수님의 수난 이야기 절정 부분에서 십자가의 고통은 단지 육체적인 것이 아니라 영적이고 관계적인 것임이 분명하게 드러난다. 그것은 하나님께 버림받는 일, 인간이 경험할 수 있는 가장 깊은 바닥까지 기꺼이 내려가는 일이다. 골고다 언덕 어둠의 시간 속에서 인자 되신 하나님의 아들은 하나님 아버지와 친밀감을 나누었던 바로 그 깊이만큼 단절의 고통을 겪으셨다. 소위 십자가 상의 '번민의 외침'(하나님 어찌하여 나를 버리셨나이까)은 수난일에 예수님이 겪으신 고통의 핵심을 정확하게 찌른다. 실제로 예수님이 가장 명백하게 하나님의 뜻에 따라 행동하셨을 때, 즉 하나님과 가장 친밀했던 바로 그 순간 예수님은 버림받고, 넘겨진 바 되었으며, 그럼에도 우리를 대신해 그 엄청난 고통을 순종함으로 받아들이셨다. 이것이 바로 예수님의 순종이 의미하는 끔찍한 역설이다.

예수님이 메시아의 운명이라고 말씀하신 것은 죽음 그 자체 또는 끔찍하고 모욕적인 죽음이 아니라 '버린 바 됨'이라는 맥락에서의 죽음이다. 하늘에 계신 아버지와 그 아들 사이에서 일어난 사건의 차원은 인간적인 차원에서 유다가 저지른 행동과 왜곡된 평행을 이룬다. 십자가의 고통 역시 바로 이러한 차원에서 기인한다. 인간이 되어 우리와 함께하시는 임마누엘 하나님, 고난당하시는 메시아는 그 어떤 육체적 고문과도 비교하지 못할, 정신적으로 무너지게 하는 배신의 고통을 몸소 체험하셨다. 어떤 의미에서 하나님은 사랑과 우정을 나눌 수 있는 인간을 창조한 시점부터 계속해서 배신을 경험하셨다고 말할 수도 있다. 사랑할 수 있다는 것은 배신의 가능성을 전제하기 때문이다. 하지만 바로 이 상황에서 하나님은 다른 사람에게 배신당하는 것이 무엇인지 인간의 입장에서 완전히 새로운 깊이의 고통과 괴로움을 겪으신다. 하나님은 유다의 죄에 의도적으로 협력함으로써 자신을 스스로 죽음에 넘겨준다.

"자기 땅에 오매 자기 백성이 영접하지 아니하였"다요 1:11. 요한복음 기자는 이렇게 말한다. 이스라엘 백성들은 적극적으로 예수님을 거절했고, 로마 당국에 넘겨주어 십자가에 못박았다. 하나님이 자신의 백성을 다루시는 이야기 가운데 바로 이 부분에서 가룟 유다는 예수를 죽이기 위해 공모한 유대인 종교지도자들에서부터 "호산나"에서 하루 아침에 "그를 십자가에 못박으소서"로 돌변한 군중에 이르기까지 예수님을 죽음에 이르게 하는 데 동조한 모든 사람들을 대표한다.

가룟 유다의 배신은 예수님에게 일어날 일을 미리 예상

하신 하나님의 전체 계획의 일부였다. 그래서 겟세마네 동산에 가룟 유다가 나타났을 때 예수님은 전혀 놀라거나 두려워하지 않으셨다. 오히려 예수님은 이 모든 일을 기다리셨고 가룟 유다에게 나아가 그를 맞이한다. 요한은 다음과 같이 기록한다. "예수께서 그 당할 일을 다 아시고"요 18:4. 오직 예수님이 자신의 의지로 작정하셨기 때문에 가룟 유다는 예수님을 넘겨줄 수 있었던 것이다. 사실 여기에는 중요한 의미가 숨어 있다. 결국 예수님은 유다의 배신을 미리 알고 계셨다. 배신자를 색출해 다른 제자들에게 그를 저지하도록 하는 쪽이 훨씬 더 쉬운 선택이었을 터다. 하지만 예수님은 가룟 유다가 한밤에 몰래 밖으로 나가 악한 일을 하도록 내버려두셨다. 가룟 유다는 누군가는 해야만 하는 역할을 어쩌다 맡은 것일지도 모른다.

하나님의 구원 드라마에 배신자 역할이 필요했지만 그게 꼭 가룟 유다일 필요는 없었다. 가룟 유다는 인간에게 찾아오신 하나님을 거절하고 십자가에 못박히게 한 인간 본성을 대표하고 상징할 뿐이다.

복음서에서 유다의 죄를 지칭할 때 사용하는 단어는 신약성경의 다른 책들에서 하나님이 자신의 아들을 죽음에 넘겨주는 행위, 그리고 하나님의 아들 자신이 우리를 대신

해 스스로를 죽음에 내어준 행위를 묘사하는 '파라디도미(넘겨주다, 내어주다)'다. 인간적인 관점으로 보면 자신을 사랑한 사람을 배신한 가룟 유다의 행위는 매우 어리석다. 하지만 좀 더 넓게 신학적 관점에서 바라보면, 그의 행위는 도덕적으로는 용서받지 못하는 반면 하나님이 자신의 백성을 죄로부터 구원하기 위해 미리 계획하셨고 반드시 일어나야 했던 일 가운데 포함된다.

사도행전 1장에 기록된 바와 같이 예수님의 열두 제자 중 한 명인 가룟 유다는 예수님의 죽음과 부활 그리고 거기에 수반되는 죄의 용서라는 메시지를 전하는(여기서도 '전달하다, 전수하다'라는 의미를 가진 동일한 '파라디도미'가 사용된다) 복음 사역에 쓰임받기 위해 예수님께 부름을 받았다. 그가 예수님을 배반하고 복음의 목적에 어긋나게 행동함으로써 예수님의 사역을 떠났다고 생각할 수 있는 반면에 그가 저지른 죄를 통해 하나님의 목적이 이루어졌다고 볼 수도 있다. 가룟 유다가 자신을 정죄하는 비극적인 순간에도 그리스도 예수 안에 있는 모든 사람들에게 정죄함이 없게 하시려는 하나님의 목적에 쓰임받았다. 마치 하나님이 자신의 계획을 성취하시는 데 가룟 유다의 배신 행위가 꼭 필요했고 가룟 유다는 그 역할을 제대로 해낸 것처럼.

복음서는 가룟 유다를 배신자라는 낙인으로 일관되게 묘사하고, 요한복음에서도 사도들의 돈주머니를 맡길 수 없는 사람으로 나오지만(사실 이것은 마치 결론을 미리 보고나서 '그래, 나는 처음부터 그 사람이 그럴 줄 알았어!'라고 말하며 어떤 인물의 최악의 면만 보려는 것과 같다), 가룟 유다에 관한 초반부의 어떤 내용도 그를 이후의 그런 죄악된 행동을 저지를 수 있는 인물로 표현하고 있지 않다. 다른 제자들조차 그에 대해 쉽게 예단하지 못했던 것 같다. 예수님이 최후의 만찬에서 자신이 배신당할 것을 예언하실 때, 제자들은 혼란에 빠져 각자 돌아가면서 "주여, 내니이까"라고 묻는다마 26:22. 바로 거기에서 누가 배신자인지 밝혀지긴 하지만 그 일이 있기 전에는 분명하게 드러난 것이 전혀 없었다.

가룟 유다가 예수님을 배반한 것은 사실이지만 예수님이 잡혀가신 날 밤 예수님을 버리고 도망가거나 실망시킨 제자는 유다뿐만이 아니었다. 아마도 그가 예수님을 처음 배반한 제자였기에 가장 최악으로 기억하는 것일 수도 있다. 하지만 예수님이 잡혀가시는 상황에서 두려움에 도망치지 않은 제자는 단 한 명도 없었다는 사실을 기억해야 한다. 심지어 주를 위해 자기 목숨을 버리겠다고 맹세한 베드로조차 막상 일이 닥치자 그 결심은 온데간데 없이 사라지고 예수님을 세 번이나 부인했다.

베드로가 예수님을 세 번 부인하고 나서 참회한 것과 가룟 유다가 예수님을 배신하고 자책한 것에는 가볍게 넘길 수 없는 유사성이 있다. 그러나 가룟 유다는 밖으로 나가 아마도 추측컨대 베드로도 동일하게 받았을지도 모르는 유혹에 굴복한 행동을 저지르고 만다. 가룟 유다는 스스로 목숨을 끊었다. 바로 그 이유 때문에 가룟 유다는 다시 부활하신 그리스도를 보지 못했고, 자신의 죄가 비록 가증스러웠을지언정 그것을 통해 하나님의 구원사역이 완성되는 과정을 깨닫지도 못했다. 만약 가룟 유다가 살아 있었다면 부활하신 예수님이 갈릴리 해변가에 다시 나타나셨을 때 그에게 무슨 말씀을 하셨을까?

최소한 말할 수 있는 한 가지는 바로 베드로를 비롯해 기꺼이 받아들이고자 하는 모든 사람들에게 값없이 베푸시는 용서가 유다에게도 주어졌을 것이라는 사실이다. 가룟 유다의 죄는 분명 끔찍했지만 하나님의 사랑이 품지 못할 죄는 아니었다. 틀림없이 하나님이 가룟 유다의 죄를 용서하셨을 것이라는 것만큼은 자신 있게 말할 수 있다. 가룟 유다에게 희망이 없다면 그것은 곧 우리에게도 아무런 희망이 없음을 의미하기 때문이다. 우리는 누구나 살면서 아무리 사소한 것이든, 하지만 분명 무시할 수 없을 정도로 수없이 예수님을 배신하지 않았던가. 그것도 은전 삼십 개 보다 못한 대가에.

영국 더럼대학교 세인트존스 칼리지 총장을 지낸 루스 엣첼스의 시 〈유다의 나무를 위한 발라드〉는 이 주제에 관해 더 깊은 묵상을 할 수 있게 도와준다. 돌아가신 예수님과 유다의 관계를 상상력을 동원해 재구성한 이 시는 공교롭게도 유다가 매달려 죽은 나무를 예수님의 십자가에 가장 가까이 있는 것으로 묘사한다.

## 유다의 나무를 위한 발라드

지옥에 유다의 나무가 자랐다.
유다가 매달려 죽은 바로 그 나무
자신의 스승이 십자가에 매달려 죽는 것을
차마 볼 수 없었기에
주님께서 음부로 내려가셨을 때
바로 거기에서
유다의 절망을 먹고 자란 나무에 영원히 매달려 있는
유다를 보셨다.
예수님은 나무에서 유다를 내려 팔에 안으시며 말씀하셨다.
"이것을 위해 내가 왔노라
내 아버지께서 훌륭한 열두 제자를 보내주셨고,
상처받지 않도록 내가 그들을 모두 지켜냈다.
비록 한 제자는 나를 부인하고 한 제자는 나를 배신했지만,
일부는 도망가고 일부는 깨어 있지 못하고 잠들었지만,

사흘 만에 나는 다시 돌아가야 한다.

남은 자들에게 기쁨을 주기 위해

그러나 먼저 나는 지옥에 내려와야 했다.

너의 죽음을 함께하기 위해

너의 나무가 있던 자리에 나의 나무가 자랄 것이다.

뿌리도 함께 이곳에 있다.

지옥에 이 영혼(가룟 유다)이 없었다면

마지막 승리도 없었다."

그래서 모두가 그를 최악의 배신자로 정죄할 때

모든 제자들 중

주님께서 가장 먼저 용서한 자가 바로

가룟 유다임을 잊지 말라.

_루스 엣첼스

─── 1987년 1월 20일, 베이루트 ───

해가 질 무렵에야 잠에서 깼다. 잠시 그대로 누워서 마지못해 슬슬 정신을 차리기 시작했다. 이상하게 조용했다. 빛바랜 호텔 커튼이 미풍에 살짝 나부끼는 모습에 새삼 바닷가 근처라는 자각이 들었다. 건물 안 어딘가 수돗물 트는 소리가 배관을 울리며 화장실 쪽에서 소음이 들렸다. 침대에서 몸을 돌려 바로 창가로 걸어갔다. 호텔 아래 인도에는 벌써 행상인들이 장사를 마치고 떠난 뒤였고 남은 사람들이라고는 기자들뿐이었다. 방파제에 앉아 담배를 피우며 잡담을 하는 모습이 마치 기적이 일어나길 기다리고 있는 순례자들 같았다. 창문을 닫고 커튼으로 어둑해진 남은 빛마저 가려버렸다. 이미 런던으로 갈 짐을 다 챙겼고, 바지주머니 안을 뒤져보았다. 딱 볼펜 하나, 수첩 하나. 결혼반지를 손가락에 낄 것인지 아니면 서류가방 안에 잘 보관할 건지 잠깐 고민하다 결국 반지를 끼고 시계까지 차기로 했다. 조그만 라디오의 주파수를 BBC 방송에 맞추었다. 바로 그 시간마다 방송되는 월드뉴스, 내 고향 영국과 나를 연결해주는 유일한 통로. 가방 위에 라디오를 올려놓고 익숙한 릴리벌리로(명예

혁명 때 유행한 노래의 후렴구—옮긴이)가 나오길 기다리는데 누군가 문을 두드리는 소리가 들렸다. 누군지 알아볼 정도로만 살짝 문을 열었다. 예상대로 드루즈인(이슬람교 시아파에서 갈라져 나온 드루즈교를 믿는 아랍인—옮긴이) 경호원이었다.

"선생님, 준비되셨나요?"

그를 안으로 들어오게 한 후 라디오를 끄고 마지막으로 짐을 점검했다. 여행가방들을 모두 꾸린 다음 바로 공항으로 출발할 수 있도록 짐을 전부 챙겼다. 나는 의자 뒤에 걸어둔 검은 가죽 자켓을 집어들었다. 내 큰 몸집에 맞는 사이즈의 자켓을 찾느라고 경호원들은 며칠 동안이나 베이루트 시내를 돌아다녔다. 다시 한번 호주머니를 확인했다. 수첩과 펜뿐이었다. 경호원은 침대 위에 놓여 있는 방탄조끼를 가리켰다.

"방탄조끼는 착용하지 않으실 건가요?"

나는 고개를 저었다. 납치범들이 정말로 나를 죽이려고 한다면 머리에 명중시킬 만큼 가까이서 총을 쏠 것이니 방탄조끼는 무용지물일뿐이다. 마지막으로 방 전체를 한번 둘러본 후 문쪽으로 나섰다. 자동소총으로 무장한 다른 경호원들 몇 명이 복도에서 지키고 있었다. 우리는 승강기 쪽으로 걸어갔고, 거대한 체구를 가진 경호원이 승강기 문을 열어주었다.

"지하층까지 내려가 거기서 호텔 밖으로 빠져나갈 겁니다."

낡은 승강기는 빛바랜 호텔 벽을 타고 천천히 내려갔다. 승강기가 정지하는 소리가 나면서 잠시 후 문이 열렸다. 내 앞뒤로 두 명씩 경호원들이 호위했다. 지하 통로를 요리조리 따라가다 길 옆으로 난 입구 밖으로 나왔다. 나는 옷깃을 올리고 수그린 자세로 최대한 사람들이 얼굴을 알아보지 못하게 했다. 도로는 여기저기 움푹 패였고, 벽돌과 콘크리트 조각들이 나뒹굴고 있었다. 우리가 차에 도착했을 때는 비가 부슬부슬 내리고 있었다. 나를 보호해주는 드루즈인들에 둘러싸인 채 뒷좌석 안으로 깊숙이 들어갔다. 차로 호텔을 빠져나오면서 기자들이 여전히 밖에서 진을 치고 기다리고 있는 모습을 보았다. 몇 분만에 우리는 베이루트 아메리칸 대학교에서 가까운 도로변에서 멈췄다. 나는 경호원들과 악수를 나눴다.

"그동안 고마웠어요. 이제 저를 따라다니지 않기에요!"

경호원들은 장난치듯 웃으며 몸조심하라는 인사를 건넸다.

차 밖으로 나온 후 나는 그들이 다시 차를 몰고 멀어져 가는 걸 지켜보았다. 날은 이미 어두워졌고 몇몇 주차된 차들 말고는 거리는 휑했다. 베이루트에서 또 야간 폭격이 시작됐는지 멀리서 대포 소리가 들렸다. 비가 계속해서 내리고 있었다. 거기서부터 주유소를 거쳐 아파트를 지나 약속 장소까지 뒤도 돌아보지 않고 서둘러 걸었다. 미리 정해둔 대로 건물 정문은 살짝 열려진 채였다. 그대로 문을 밀고 들어갔다. 어둠 속에서 살짝 벌어진 경비실 문 틈으로 누군가 지켜보는 것이 느껴졌다. 그 시선을 피하지 않고 똑바로 쳐다보자 마치 리모컨으로 작동되는 것처럼 도로 문이 닫혔다. 나는 승강기 안으로 걸어가 중간책인 므루에 박사의 아파트로 올라갔다. 그는 이 근처에 아파트 두 채를 소유하고 있었다. 하나는 상담소로 사용하고 있었고 다른 하나는 주거용이었다. 초인종을 누르자마자 문이 열렸고 나를 자신의 서재로 안내했다.

"안녕하세요. 다시 만나게 되어 반갑습니다."

그는 살짝 미소를 지었고, 내가 주위를 둘러보는 동안 파이프 담배에 불을 당겼다. 크롬-유리 책상, 가죽의자, 그리고 벽에 걸린 자격증들. 예전 그대로였다. 그는 내게 앉으라고 손짓했다. 전화벨이 울리기 전까지 우리는 이런저런 얘기를 두서없이 나눴다. 그는 아랍어로 조용하게 잠시 통화를 하고 나서 자리에서 일어났다.

"미안하지만 이제 나가봐야 할 것 같습니다."

"무슨 말씀이시죠?"

"산모가 진통 중이라 급히 가봐야 할 것 같습니다."

"조금만 기다려주실 수 있나요?"

"미안하지만 어려울 것 같습니다."

요 며칠 동안 마음속 어딘가에서 조금씩 소리를 내던 불안감이 마치 큰 소리로 고함을 치는 것 같았다.

"지금 병원에 가봐야 해요. 문은 나오실 때 닫으면 잠기도록 해뒀어요."

악수를 하고 나서 그는 떠났다. 나는 창문으로 가서 아무도 없는 거리를 내려다봤다. 지금 포기해도 늦지 않았다. 몇 분 안에 다시 호텔로 갈 수도 있다. 나는 책장을 둘러보았다. 의학 관련 책뿐이었다. 수술실로 가는 복도 쪽으로 걸어가 신발을 벗고 체중계 위에 올라섰다. 107킬로그램. 너무 무거웠다. 94킬로그램이나 그 이하여야 한다. 나는 다시 다른 방으로 돌아와 불안한 마음에 방 안을 빙빙 돌았다. 나는 테리 앤더슨과 탐 서더랜드를 생각하면서 몇 달이나 감옥에 갇혀 있는 게 어떤 느낌일지 생각했다. 이 방에 혼자 남은 지 겨우 한 시간도 안 됐는데 벌써부터 방 천장과 벽이 서서히 조여오는 듯한 답답함을 느꼈다. 나는 가죽의자에 앉아 침착해지려고 마음을 가다듬었다. 그때 엘리베이터가 움직이는 소리가 들렸다. 누군가 올라오고 있었다. 나는 자리에서 일어났다. 갑자기 엘리베이터가 멈추고 문이 열리는 소리가 들렸고, 잠시 후 초인종이 울렸다. 키가 작고 다부진 체격의 외줄 단추 정장을 한 남자가 앞에 서 있었다. 그는 전에 한 번 만난 적이 있는 납치범들과의 연락책이었다. 그는 약간 긴장한 듯 보였다.

"혼자 오셨나요?"

"네."

그는 안으로 들어왔다.

"혹시 무기를 갖고 계신가요?"

"아뇨."

"죄송하지만 잠깐 수색 좀 하겠습니다."

그는 잠깐 몸수색을 하더니 문 쪽으로 돌아서며 말했다.

"지금 출발해야 합니다."

우리는 엘리베이터를 타고 조용히 내려왔다. 아파트 로비에 있는 경비실은 굳게 닫혀 있었다. 우리는 텅 빈 거리로 걸어나왔다. 아직 비가 내리고 있었다. 잠시 걷다가 그 남자는 주차해 있던 커다란 차 앞에서 멈췄다.

"뒷자석에 앉으세요. 혹시 검문을 당하면 제가 당신에게 베이루트 관광 안내를 해주고 있다고 대답하세요."

나는 뒷좌석으로 들어갔고, 차는 밤길을 달리기 시작했다. 여기저기 폐허가 된 도로를 달리는 동안 오래전 테헤란에서 비슷한 여행을 했던 기억이 떠올랐다. 그때도 지금처럼 확실한 보장은 전혀 없었다. 완전히 납치범들에게 모든 걸 맡기고 차를 타고 비밀 장소까지 따라갔었다. 이란 혁명수비대는 약속을 지켰다. 그들은 억류하고 있던 인질들을 만나게 해주었고 몇 시간 후 다시 나를 테헤란으로 돌려보냈다. 나는 지금 테리 앤더슨과 탐 서더랜드를 만나게 해주겠다는 약속만 믿고 가는 중이다. 인질범들 말에 따르면 그들은 약간 지쳐 있고 건강하지 못한 상태였다.

납치범들은 내가 그 제안을 거절하지 못할 것이라는 걸 알았다. "무슬림의 명예를 걸고" 약속하겠다는 연락책의 말을 믿기로 했다. 나는 차창 밖을 내다보았다. 매 분마다 눈부신 전등빛이 초현실적으로 보이는 풍경을 비추었다. 엘 그레코 같은 화가만이 이런 극적인 풍경을 묘사할 수 있을 것 같았다. 고통, 공포감, 빛, 그림자, 아름다움, 그 모든 것 뒤에 있는 고통받고 눈물 흘리며 죽어가는 사람들. 갑자기 아무 말도 없이 차가 멈추고

길 옆에 섰다.

"왜 차가 멈췄죠?"

"내리셔야 합니다. 타이어에 펑크가 났어요."

거짓말이었다. 어느 시점에서 차를 갈아타고 갈 것이 분명했기 때문이다. 굳이 왜 이런 쓸데없는 거짓말을 할까? 우리 앞에 또 한 대의 차가 서 있었다. 차 안에는 경찰복을 입은 남자 두 명이 앉아 있었다.

"빨리 뒤에 타세요."

정장을 입은 남자가 내 옆에 앉았다.

"미안하지만 이제부터 당신 눈을 가려야겠습니다."

그는 천으로 내 눈을 가렸다. 중간에 차를 갈아탄 것이나 눈가리개를 한 것 때문에 불안한 것은 아니었다. 둘 다 예상한 일이었으니까. 내가 걱정한 건 거짓말이었다. 그때부터 나는 혹시라도 인질로 잡힐 것을 대비했다. 나와 동승한 사람들은 아랍어로 말을 주고받았다. 나는 아무 말도 하지 않았다. 그것은 마치 다른 어느 곳으로도 갈 수 없는, 미리 정해진 트랙 안을 걷기 시작한 느낌이었다. 이제부터는 그냥 따라갈 뿐이었다.

_테리 웨이트●

---

● 협상 전문가 테리 웨이트는 영국 성공회 특사 자격으로 1987년 1월 12일, 영국인 인질 석방을 위해 이슬람 지하드 단체가 있는 베이루트에 파견되었다. 이후 자신의 일을 돕던 이들로부터 배신을 당해 포로가 되었다가 1991년 11월, 4년 8개월만에 석방되었다. 책의 인용 부분은 테리 웨이트가 배신당하기 직전의 상황과 감정을 잘 담고 있다.

## 기도

"주여, 내니이까?"
질문이 입 밖으로 나오기 전에 우리는 알고 있다.
가룟 유다처럼
다른 제자들처럼
우리 역시 예수님을 배신했다는 것을.
그것도 가장 하찮은 보상 때문에.
예수께서
"네가 말하였도다"라고 대답하실 때
그의 뜨거운 눈빛을
우리도 느끼게 하소서.
주여, 우리를 도우사
우리를 깨끗케 하시는 당신의 불 같은 눈빛에
우리 안의 은밀한 배신을 보게 하시고
그것을 분명히 깨닫고 판단하게 하소서.
십자가의 수치와 고통 너머
우리를 회복시키시고 일으켜 세우시는

당신의 구속과 사랑을 깨닫게 하사

우리 주 예수 안에서 성령의 능력으로

새롭고 온전한 삶을 살게 하소서. 아멘.

3장

# 실패자
# 베드로

눅 22:54-62; 요 13:33-38; 18:1-11

베드로는 예수님이 십자가에 못 박히실 때 열두 제자 중 가장 멀리까지 따라간 제자다. 다른 열한 명의 제자와 함께 베드로는 최후의 만찬 자리에 있다가 예수님과 함께 겟세마네 동산에 오른다.

거기서 예수님이 다가올 운명을 아시고 간절히 기도하시는 동안 베드로는 다른 제자들과 함께 잠이 든다. 성전경비대가 가룟 유다와 함께 예수님을 잡으러 왔을 때, 베드로는 칼을 뽑아 싸우려고 했지만 예수님은 그렇게 하지 못하게 막으셨다. 그런데 예수님이 심문을 받으러 대제사장의 집에 잡혀가실 때 결국 베드로는 다른 제자들처럼 도망친다.

하지만 다른 제자들과 달리 일정한 거리를 두고 조심스럽게 따라가기도 하고, 성전 뜰에 숨기도 하면서 예수님에게 어떤 일이 일어나는지 지켜본다.

그러나 십자가의 길을 따라가던 베드로의 발걸음은 바로 거기에서 멈춘다. 예수님이 로마 총독 빌라도에게 심문받기 위해 다시 끌려가실 때 베드로는 마지막으로 예수님의 모습을 보게 되고 바로 그 자리에서 자신이 예수님의 제자가 아니라고 부인한다. 그리고 자신이 예수님을 부인함으로써 저주했음을 깨닫자 무너지고 만다. 베드로는 다른 열한 명의 제자들 누구보다 멀리까지 예수님을 쫓아왔다. 하지만 바로 그 자리에서 베드로는 실족했고, 예수님이 십자가에 저주받아 돌아가시기도 전에 먼저 십자가의 길을 저버린다.

예수님이 십자가에 못박히실 때 베드로 역시 다른 제자들과 마찬가지로 그 자리에 없었다. 따라서 예수님이 십자가로 가시는 길을 베드로의 눈으로 쫓아갈 때, 우리는 가장 중요한 순간 제자로 살지 못하고 철저히 실패한 자의 관점으로 바라보게 된다. 그러나 베드로의 실패는 사실 예수님을 새롭게 바라보는 데 있어 매우 중요한 전환점이 되었다.

마리아가 예수님께 향유를 부은 사건에서 우리는 예수님을 향한 사랑의 낭비, 그리고 예수님이 죽으셔야 함을 전적으로 받아들인 마리아의 믿음을 본다.

예수님을 향한 베드로의 헌신 역시 마찬가지로 사랑의 낭비였다. 베드로는 죽기까지 예수님을 따르겠다고 맹세했고, 사실 그때 베드로는 정말 진심이었을 것이다. 그러나 마리아와 달리 베드로는 예수님이 죽으셔야 한다는 사실을 받아들이지 못했다. 베드로는 예수님을 위해 죽을 마음은 있었지만 예수님이 자신을 위해 죽으셔야 한다는 사실은 받아들이지 못했다. 그리고 바로 그것은 베드로가 제자됨의 의미를 완전히 잘못 이해하고 있음을 보여준다. 베드로의 실패는 예정되어 있었다.

그는 실패를 통해 예수님의 제자가 된다는 것이 무엇인지 새롭게 깨달아야 했다. 베드로는 무슨 일을 하기 전에 제대로 사고를 한 번 치고 나서야 비로소 깨닫게 되는 그런 사람이었던 것 같다. 베드로가 하나님의 방식을 깨닫고 받아들이기 위해서는 먼저 자신의 방식대로 했다가 실패하는 길밖에 없었다. 하지만 십자가는 하나님의 사랑이 모든 실패와 비극을 포용하는 곳이기에, 넘어지고 실패하는 데 십자가의 자리보다 더 나은 곳은 없다. 베드로의 실패는 바로 하나님의 기회였던 것이다.

예수님의 제자들 가운데 복음서를 통해 우리에게 가장 많이 알려진 제자는 바로 베드로다. 어떤 상황에서든 가장 먼저 나서서 행동하고 말하는, 그래서 자연스럽게 주도권을 잡고 이야기에서 가장 주목받는 인물이었다.

예수님이 제자들에게 어떻게 생각하는지 물으실 때마다 항상 베드로가 가장 먼저 대답했다. 열정적이고 모르는게 없고 자신감 넘치는 데다 충동적이기까지 해서 천사들조차 주저하는 곳에 곧바로 뛰어들 정도다. 베드로에게는 장점도 많다. 그는 엄청난 열정과 용기 그리고 추진력을 가진 타고난 지도자였다. 베드로는 진정으로 예수님께 헌신했고, 온 마음을 다해 예수님의 제자가 되길 원했다. 예수님 역시 베드로를 열두 사도 가운데 지도자 역할을 하도록 정하셨다.

다만 베드로의 문제는 예수님이 '성공하길' 원했다는 것이다. 예수님이 메시아이기 때문에 당연히 이스라엘을 구원하실 것이고, 베드로는 반드시 그 일이 성공하는 데 일조하고 싶었다. 그래서 예수님이 제자들에게 자신의 고난과 버림받음 그리고 죽음을 통해 구원의 길이 가능해진다고 말씀하셨을 때 베드로는 듣고 싶어하지 않았다. 예수님의 죽음은 실패를 의미했고, 베드로는 반대로 예수님이 '성공하기를' 원했다. 최후의 만찬 자리에서 예수님이 음식을 나누는 그 자리를 일종의 송별회처럼 만드셨을 때, 베드로는 당연히 예수님이 심각한 위험에 처하셨다고 생각했다.

그 자리의 대화는 온통 헤어짐, 배신, 그리고 임박한 위기에 관한 내용뿐이었다. 하지만 베드로는 그 상황에 어떻게 대처해야 할지 결심한다. 필요하다면 예수님을 위해 목숨까지 바칠 각오가 되어 있었다. 생명을 걸고 예수님을 죽음에서 구할 작정이었다. 아마도 만찬 자리에 함께한 다른 제자들은 벌써 쥐도 새도 모르게 거기서 빠져나와 갈릴리로 도망칠 궁리를 했을지도 모른다. 하지만 베드로는 그런 상상조차 하지 않았다.

다른 모든 제자들이 예수님을 버릴지라도 베드로는 절대로 그러지 않을 것이라고 다짐했다. 베드로는 만반의 준비가 되어 있었다. 바로 이 순간이 예수님이 반드시 성공하시도록 베드로가 나서야 할 중요한 때일지도 모른다. 만약 베드로가 예수님을 위해 목숨을 바쳐야 한다면, 분명 그것은 위대한 목적을 위한 영웅적 죽음으로 기억될 것이다.

지금 베드로가 너무 자신만만해하고 있는 건가? 분명 베드로는 예수님을 위해 목숨을 바칠 각오가 되어 있음을 보여주는 몇 가지 행동을 하기도 한다. 성전 경비대가 예수님을 잡으러 겟세마네 동산에 도착한다. 무기까지 갖추었다. 사람들이 저항할 것을 예상했기 때문이다. 지금 예수님에게는 열한 명의 제자가 있다. 아니 어쩌면 그 외에도 몇몇 사람들이 더 함께 있었을 것이다. 하지만 단 두 명만이 검을 갖고 있었다. 베드로가 그 중 하나였고, 그는 검을 사용한다.

그것이 무모한 행동이었다고만은 할 수 없다. 베드로와 다른 제자 몇 명이 성전경비대를 상대하는 동안 예수님은 어둠을 틈타 도망칠 수도 있었다. 베드로는 예수님을 구하려다 목숨을 잃을 수도 있었고 덕분에 예수님은 살아남으실 수도 있었다. 물론 예수님이 그 방법을 택하셨다면 말이다. 그러나 예수님은 이렇게 말씀하신다. "칼을 칼집에 꽂으라. 아버지께서 주신 잔을 내가 마시지 아니하겠느냐." 베드로는 예수님의 말씀을 따라야 했다.

분명 베드로는 용기 있는 사람이었다. 그는 예수님을 위해 자신의 목숨까지 바칠 각오가 되어 있었다. 문제는 베드로가 예수님의 뜻과 제자됨의 의미를 완전히 잘못 알고 있었다는 것이다.

베드로는 예수님이 자신이 상상했던 모습의 메시아가 되시기를, 그리고 자신 또한 그러한 메시아의 면모에 부합하는 제자가 되기를 원했다. 베드로는 예수님이 성공을 향한 확실한 길로 가시기를 원했고, 자신은 거기서 예수님의 오른팔이 되어 예수님이 성공하시는 데 큰 몫을 담당하길 원했다. 그래서 예수님을 지키는 일에 자신의 목숨까지 버릴 각오가 되어 있었던 것이다. 다만 베드로가 깨닫지 못했던 것은 예수님이 선택하신 길이 오직 실패를 통한 '성공', 포기를 통한 '성취'라는 특별한 방법이었다는 사실이다. 베드로는 예수님을 십자가에서 구하기 위해서라면 무엇이든 할 수 있었지만 정작 십자가의 길을 따라가는 데는 실패했던 것이다.

결국 예수님이 베드로에게 검을 사용하지 말라고 명령하시자, 베드로는 다른 제자들과 함께 도망친다. 베드로는 예수님을 지킬 각오가 되어 있었지만 예수님은 그것을 거절하셨고, 이제 베드로가 할 수 있는 것은 아무것도 없었으므로. 그럼에도 베드로는 다른 어느 누구보다 예수님께 충성했고 용기가 있었다. 복음서는 베드로가 멀리서 예수님을 쫓아갔다고 기록한다. 처음에 가졌던 환상이 깨진 제자. 실패한 메시아의 제자. 그러나 여전히 안전한 거리에서나마 그분을 따라가고자 했던 제자. 예수님에게 어떤 일이 벌어지는지 소식을 듣고 싶어 대제사장의 집 뜰에서 서성거렸던 제자. 베드로에게는 여전히 예수님에 대한 충성심이 그만큼 남아 있었다.

베드로에게 예수님은 단지 이념이나 목적이 아니었고, 자신이 헌신하기로 맹세했던 분이었으므로. 베드로는 실패하더라도 변함없이 그분을 따르고자 하는 마음이 있었다. 심지어 더 이상 그분을 도무지 이해하지 못하겠다고 생각했는데도 말이다. 하지만 베드로는 바로 이 지점에서 실패한다. 복음서를 읽는 대부분의 독자들이 쉽게 추측하듯 베드로는 단지 겁이 났던 것일까? 자신도 잡혀갈까봐 예수님을 모른다고 한 것일까? 아니면 실패한 메시아와 더 이상 엮이고 싶지 않아서였을까? 수많은 사람이 메시아라고 생각했다가 이제는 확실하게 낙오자가 되어버린 사람의 제자였다는 사실이 부끄러워서였을까?

숯불 주변에 모인 사람들의 대화는 아마도 다른 실패한 '메시아'들에 관한 얘기였을까? 그런 경우가 여러 번 있었다. 추종자들에게 장차 다가올 새로운 나라와 영광을 약속했지만 결국 로마군에게 굴욕적으로 진압당한 자칭 메시아들. 아마도 사람들은 분명 예수도 그들 중 하나라고, 심지어 더 빨리 실패자임이 폭로된 경우라고 수군댔을지도 모른다. 베드로가 예수님을 부인한 이유는 추측컨대 자신이 실패한 메시아의 제자로 여겨지는 것을 받아들일 수 없어서였다.

베드로는 여전히 예수님을 자신이 생각하는 메시아의 관점으로만 바라보았다. 여전히 예수님이 성공하는 데 일조하고 그 성공에 참여하는 것을 제자의 의미로 여기기에 베드로는 처절히 실패한 것이다. 비록 가장 멀리 예수님을 쫓아갔지만, 다른 누구보다 용기와 충성심을 보여주었지만 결국에는 가장 비참한 실패를 경험한다. 십자가를 받아들일 수도, 십자가의 길을 걷는 예수님을 따를 수도 없었기 때문이다.

이제 우리는 분명히 베드로의 실패가 오히려 희망을 가져다줄 수 있음을 보게 된다. 예수님이 어떤 분이신지, 제자가 된다는 것은 무엇인지에 대한 베드로의 잘못된 이해, 그리고 예수님과 베드로 자신에 대한 모든 환상이 이제 산산히 부서졌다. 바로 예수님에 대한 베드로의 놀라운 헌신이 비로소 진정한 제자도로 거듭나는 순간이다. 베드로에게는 예수님이 성공하도록 돕는 데 자신이 예수님께 꼭 필요한 사람이라는 오랜 착각에서 깨어날 수 있는 유일한 길이다. 즉 베드로가 예수님이 바라시는 제자가 되는 데 있어 예수님의 도움이 꼭 필요한 사람은 바로 베드로 자신임을 깨달을 수 있는 유일한 길이다.

십자가에 못박히신 메시아에게서 하나님의 은혜를 발견하고 자신도 직접 그 십자가의 길로 예수님을 따를 수 있게 되는 유일한 방법이다. 베드로는 실패를 겪고 나서야 제자로서 십자가의 길을 걸을 수 있게 된다. 오직 넘어지고 나서야 베드로는 일어설 수 있다. 베드로의 실패는 하나님의 성공이다. 이것이 십자가의 방법이 내포하는 역설이다. 예수님이 죽으셔야 우리는 생명을 얻는다. 버려야 얻을 수 있다. 내려놓음을 통해서만 성공할 수 있다. 져야 이기고, 실패해야 성공하고, 죽어야 사는 이런 역설의 가장 좋은 예가 십자가라고 말하는 것이 아니다. 오히려 십자가 자체가 이 모든 역설이 만들어지는 기원이다.

예수님의 실패, 정죄함, 죽으심을 통해 하나님은 실패, 정죄함, 죽음 한가운데서 우리를 만나주시고, 비록 첫 단추를 잘못 끼웠을지라도 우리가 진정으로 다시 시작할 수 있도록 새로운 피조물이 되게 해주신다. 제자됨의 첫 단추를 잘못 펜 베드로는 예수님이 십자가형 선고를 받는 동안 대제사장의 뜰에서 돌이킬 수 없이 무너진다. 그리고 예수님이 십자가로 걸어가며 베드로를 바라보시는 순간, 실패한 메시아가 비참하게 실패한 제자를 바라보시는 순간, 바로 그 십자가의 길 위에서 베드로는 진정한 제자로서 새로운 시작을 맞게 된다.

그것이 얼마나 진정한 새로운 시작인지 알려면, 우리는 그로부터 35년 뒤 이제 문자 그대로 예수님의 길을 따라 십자가형을 받으러 로마 성문 밖으로 십자가를 지고 가는 베드로의 모습을 기억해야 한다. 최후의 만찬 자리에서 예수님이 베드로에게 말씀하신 것처럼. "내가 가는 곳에 네가 지금은 따라올 수 없으나 후에는 따라오리라"요 13:36.

베드로의 실패가 그를 구원했다는 사실을 두 가지 관점에서 주목할 필요가 있다. 첫째는 철저히 환상이 깨져 무너지는 것. 단지 베드로가 잠시 실패했다가 다시 일어나 힘차게 앞으로 나아가는 그런 차원의 문제가 아니다. 베드로는 예수님을 그리고 제자도를 처음부터 완전히 잘못 알았다. 넘어진 자리에서 다시 일어나 나아갈 수 있는 차원이 아니다. 완전히 다른 새로운 기초에서 처음부터 다시 시작할 수 있을 뿐이다. 솔선수범과 용기 그리고 헌신된 마음으로 예수님이 죽지 않도록 지켜내고, 수제자가 되어 반드시 예수님이 성공하시도록 돕는다는 헛된 환상은 철저하게 깨져야 했다.

대신 예수님이 베드로를 위해 죽으시는 일이 먼저 일어나지 않는다면, 베드로는 자신의 용기와 노력과 헌신에도 불구하고 결코 제자가 될 수 없음을 깨달아야 했다. 예수님께 자신이 필요하다는 헛된 환상 대신 예수님이 필요한 사람은 정작 자신임을 먼저 알아야 했다. 더군다나 베드로에게 필요한 예수님은 베드로가 기꺼이 목숨을 드리고자 했던, 베드로 마음대로 상상해낸 예수님이 아니라 베드로를 위해 먼저 죽으신 예수님이라는 사실, 그리고 십자가의 길이 곧 하나님의 은혜, 특별히 실패한 자들에게 베푸시는 은혜의 통로가 됨을 깨달아야 했다.

십자가는 우리가 가진 환상들을 산산조각낸다. 우리 자신에 대한 환상, 예수님에 대한 환상, 그리고 세상에 대한 환상을 아무리 좋아 보이더라도 예수님은 우리의 꿈을 이루기 위해 계신 분이 아님을 우리는 알게 된다. 아무리 매력적으로 보여도 예수님은 세상적 열망에 순응하지 않으신다. 자신이 원하는 모습, 남들이 생각해주길 바라며 우리 스스로 만들어낸 모습에 예수님은 부합하지 않으신다. 삶에 대한 우리의 모든 기대와 욕망을 긍정하고 성취하면서 하나님께 나아갈 수 있는 순탄한 길은 없다. 십자가의 길만이 있을 뿐이다. 십자가에 못박히신 예수님은 우리의 모든 기대를 거스르며 남들에게 보여주기 원하는 모습이 아닌 있는 그대로의 모습으로 우리 자신을 보게 한다. 그리고 우리가 전에 보지 못한 낯설고 새로운 풍경으로 세상을 드러낸다. 오직 실패한 자만이 성공할 수 있는 역설적인 경기장으로서의 세상을 말이다.

환상이 깨진다는 것은 때로 고통스러울 수 있지만 반면 우리에게 안도감을 주고 언제나 우리를 해방시켜준다. 베드로에게 일어난 일의 또다른 중요한 일면은 예수님의 제자됨에 있어서 실패가 절대로 결격사유가 되지 못한다는 사실이다. 정반대로 오히려 실패의 경험이 예수님의 제자가 되기 위한 필요조건이다. 베드로의 경우처럼 극적인 엄청난 실패도 있지만 사소한 일상에서의 실패도 있고, 실패가 반복되면서 절대로 나아지지 않을지도 모른다는, 예수님을 온전하게 따르지 못할 것이라는 절망감이 생기기도 한다.

그러나 우리의 실패가 하나님의 기회이며 언제나 바로 그 지점에서 하나님의 은혜가 훨씬 더 크다는 것을 깨닫게 된다. 우리도 베드로처럼 우리가 그동안 추구한 것이 하나님의 뜻이 아닌 우리 자신의 계획과 뜻이었음을 깨닫게 될지 모른다. 가장 먼저 깨뜨려야 할 것이 우리 자신의 능력에 대한 자신감일 수도 있다. 또는 정반대의 경우, 즉 자신을 부정적으로 바라보는 것, 스스로를 제약하고 평가절하하는 문제를 먼저 해결해야 할지도 모른다.

우리가 실패를 통해 배워야 하는 것은 하나님의 은혜 앞에서 능력과 무능력, 기대와 열망 모두를 내려놓는 것이다. 하나님의 은혜는 그것들을 치유하시고 회복하시고 다시 새롭게 하시기 때문이다. 우리가 실패 가운데서 하나님이 은혜의 하나님이시며 우리 자신에게 바로 그 하나님의 은혜가 필요함을 깨달을 때, 우리는 실패를 통해 예수님의 제자가 되는 자격을 얻게 된다.

당연히 베드로의 장점들이 전부 무의미하게 된 것은 아니다. 베드로가 새롭게 시작할 때 그것들은 그대로 남아있었다. 다만 그 장점들이 하나님께 쓰임받기 위해서는 먼저 하나님 앞에 그것을 내려놓아야 했다. 심지어 예수님을 위해 목숨까지 바치려 했던 그 마음까지도 말이다. 그것은 베드로를 위해 먼저 죽으신 예수님을 깨닫고 그분을 위한 헌신으로 변화되어야 했다. 예수님은 처음부터 베드로가 그렇게 될 것을 믿어주셨다. 오직 실패를 통해 그리고 십자가를 통해 베드로는 마침내 예수님의 양을 돌보는 목자가 될 수 있었다.

## 기도와 묵상

주님

우리는 너무나 자주 당신의 방법의 아닌

우리가 원하는 방법으로

당신의 제자가 되려고 합니다.

너무나 자주 우리 자신의 계획을 인정해달라고

그것이 성공하게 해달라고 기도하면서

당신을 따르는 일보다

우리 자신이 가치 있다고 생각하는 목표를 추구합니다.

우리를 용서하시고

우리의 환상을 깨뜨려주시고

우리가 당신을 바라볼 때 세상의 눈으로

실패하고, 정죄당하고, 조롱당하고

고난받으시며, 죽임을 당하신 분으로만 보지 않게 하소서.

우리를 회복하시고 새롭게 하셔서

우리가 하나님께 우리 자신을 드릴 수 있도록 도우시고

우리가 할 수 있는 것, 할 수 없는 것

실패와 성공

희망과 열망

그 모든 것을 내려놓고

성공을 온전히 하나님께 맡겨드리고

당신이 인도하는 곳으로 따를 수 있기만을 갈망하게 하소서.

십자가의 길 안에서

우리를 향한 하나님의 은혜를 깨닫게 하시고

실패 속에서 그 은혜가 언제나 더 큰지 알게 하소서.

주님께서 먼저 우리를 위해 죽으셨고 다시 사셨기에

우리 또한 당신을 위해 살고 당신을 위해 죽을 수 있는

당신의 제자로 우리를 받아주소서.

다시 부활하셨을 때

베드로에게 말씀하신 것처럼

우리에게도 말씀하소서.

"나를 따르라."

## 그는 나가서 슬피 울었다

닭이 울자 베드로는 예수님의 말씀을 떠올린다.

"닭이 두 번 울기 전에 네가 세 번 나를 부인하리라."

베드로는 나가서 슬피 울었다.

베드로는 무엇 때문에 눈물을 흘렸을까?

그것은 주님 때문이 아니었다.

주님이 처한 상황은 더 좋아질 수도 더 나빠질 수도 없었다.

주님은 곧 죽으실 것이다.

베드로는 그 마지막을 보러 왔다.

슬피 우는 이유는 무엇인가.

베드로 자신을 위한 슬픔의 눈물이었다.

옛 자아의 죽음 때문에 흘린 눈물이었다.

강했던 베드로, 진실했던 베드로

모든 것을 이끌었던 베드로

그것은 더 이상 자신의 계획대로 할 수 없음을 깨닫고

흘린 좌절의 눈물이었다.

모든 것을 자기 뜻대로 했던

완전했던 베드로, 신실한 친구 베드로

아무도 두려워하지 않았던 베드로

연약한 동생들보다 더 우월했던 베드로

그것들은 모두 베드로에게 소중한 자아상이었다.

베드로에게 그것은 삶의 의미가 달려 있는 문제였다.

자신을 다른 이들과 다른 특별한 사람,

존경할 만한 사람으로 만들어준 것들이었다.

깨달음이 온 순간,

베드로는 그것들이 더 이상 자신의 본모습이 아님을 알았다.

진짜 베드로는 오히려 자기 자신만 아는

죽기까지 함께하겠다고 맹세했던 친구를

저주하며 모른다고 부인할 수 있는 사람이었다.

베드로의 눈물은 잃어버린 자존감을 애통해하는 눈물이었다.

그것은 끔찍한 상실감이었다.

그는 슬피 울었다.

책임감, 통솔력, 정직함, 용기

주님, 그런 것들을 소망합니다.

대부분의 경우 그런 것들에 무척 탁월합니다.

집에서나, 사무실에서 자신의 몫을 다하고

열심히 일하고 사람들은 저를 의지합니다.

때로는 엄하지만 합리적으로 생각하고 행동합니다.

나는 많은 일들을 해냅니다.

때로 운이 안 좋거나 너무 버거운 일을 감당하거나

원하는 대로 일이 풀리지 않기도 하지만,

그러나 저는 공평한 사람입니다.

내 스스로 하고 싶지 않은 일을

다른 사람에게 요구하지 않습니다.

저는 그렇습니다. 또는 저는 그랬다고 생각했습니다.

지난주 저와 일하던 비서가 그만두면서 제게 말했습니다.

저더러 사려깊지 못하고 비합리적이라고.

그분은 좋은 비서였기에 놓치고 싶지 않았습니다.

도대체 무슨 일인지 몰랐습니다.

내가 그녀에게 늘 고마워하고 있다는 것을

그녀도 알고 있겠거니 생각했습니다.

때때로 월급도 올려주고 밥도 사주고 그랬습니다.

물론 가끔씩 그녀가 한 일에 대해 비판하기도 했고

심지어 화를 내기도 했지만 일하다 보면 다 그런거죠.

제가 한 일도 남들에게 평가받습니다.

더 자주 그리고 더 불공평하게.

그녀는 제가 그녀를 동등한 인격으로 대하지 않는다면서

남녀차별주의자라고 말했습니다.

그녀의 말을 믿을 수 없었죠.

생리 중일 거란 생각도 했습니다.

퇴근 후 귀가했을 때 아내에게서

아무런 위로도 받지 못했습니다.

아내는 비서 말이 옳다고 하더군요.

그리고 제가 집에서도 얼마나 생각이 없는지,

아내와 아이들에게 무관심한지

얼마나 꼰대 같고 권위적인지 비난을 퍼부었습니다.

그녀의 말을 들으면서 나 자신에 관한 생각들이

무너지기 시작했습니다.

인간으로서, 아빠로서, 고용주로서

그런 정체성들은 모두 아내의 거침없는 비판에 깎아내려졌습니다.

문득 내가 사랑하는 이 여자의 깊은 곳 어딘가에 제가 미처

보지 못한 상처와 분노의 웅덩이가 있다는 걸 알았습니다.

제가 아내에게 상처를 주었습니다.

하지만 제가 어떻게 했는지 모르겠습니다.

제가 어떻게 변화될 수 있는지도 모르겠습니다.

저는 눈물을 흘렸고 아내도 울기 시작했습니다.

나는 아내에게 다가가 아내를 안아주었습니다

우리는 정말 서로를 사랑합니다.

그런데 이제 여기서 우리는 어떻게 해야 할까요?

이 죽음 뒤에 새로운 삶이 있습니까?

모닥불 옆에서 베드로에게 말씀하고 계시는 당신을 봅니다.

베드로의 일터였던 바닷가에서 말씀하고 계신 것을 봅니다.

당신이 사라졌다고 생각하고 있을 때

다시 그에게 돌아오신 당신을 봅니다.

마치 유일하게 중요한 단 한 가지인것처럼

베드로에게 묻는 당신,

네가 나를 사랑하느냐? 내 양을 먹이라.

네가 나를 사랑하느냐? 내 양을 먹이라.

네가 나를 사랑하느냐? 내 양을 먹이라.

당신은 죽은 베드로 대신 그에게 새로운 생명을 주었습니다.

저는 주님을 기다립니다, 오소서 주님.

_레이드 아이작

4장

# 예수님을 참을 수 없던 가야바

마 26:57-68; 요 11:45-53

가야바는 분명 예수님과 만나지 않기를 바랐다. 하지만 가야바 이전 그리고 이후 수많은 '메시아' 사건들의 경우처럼 이번에도 그에게는 선택의 여지가 없었다. 가야바는 예루살렘에서 예수님의 이름이 알려지기 시작한 해에 대제사장이었고, 그 자리는 팔레스타인 지역의 종교 문제뿐만 아니라 정치와 사회 문제까지도 책임져야 하는 자리였다.

일면 총리와 대주교 역할을 동시에 맡은 자리인 셈이다. 따지고 보면 그가 수행하는 모든 일은 어쨌든 점령국인 로마군의 관할 아래 있었다. 그런 형식적인 제약이 있었지만 가야바는 상당한 재량권을 가졌고, 매우 계획적인 사람조차 하루를 쪼개서 써야 할 만큼 많은 책임이 있었다.

쉬운 일은 아니었지만 보아 하니 가야바는 그 일을 꽤나 즐기고 있었고 잘 해내고 있었다. 역사적 자료를 보면 그가 제사장직을 30년 동안이나 맡았다는 기록을 찾아볼 수 있는데, 실제로 그건 흔한 일이 아니었다. 대부분의 경우 몇 년 하다가 포기하든지, 좀 더 젊거나 능력 있는 사람에게 위임하든지, 아니면 로마의 눈밖에 나서 갑자기 "가족들과 더 많은 시간을 함께하기 위해" 반강제로 은퇴하는 수순을 밟았다. 그런데 가야바는 끝까지 임기를 채웠다. 길고 화려한 경력 동안 일하면서 적지 않은 만족감을 누렸던 그에게도 유대인의 대명절인 유월절 축제만큼 골치 아픈 문제는 없었다.

유월절은 언제나 유대인 기득권자들에게 쉽지 않은 문제였다. 이 기간 동안 예루살렘은 전 세계에서 모여든 순례자들로 북적였고 수많은 군중은 희망과 기대감에 온통 들떠 있었다. 사람들 사이에는 노예상태에서 해방시켜주시는 하나님의 구원 역사, 이스라엘이 선물로 받게 될 약속의 땅 등에 대한 소망과 이야기들이 오고갔다.

이 기간 동안 로마군의 팔레스타인 점령은 대다수 유대인의 심기를 평소 때보다 훨씬 더 자극했다. 예루살렘 거리의 분위기는 희망으로 가득했고, 사람들의 대화에는 마침내 하나님이 언제 메시아를 보내주실지에 관한 이야기가 빠지지 않았다. 그것은 마치 불만 붙으면 언제 터질지 모르는 화약고나 마찬가지였다. 매년 유월절이 되면 어떤 극렬분자가 나타나 기회를 틈타 군중을 자극해 로마에 저항하는 폭동을 일으켜 결국 가혹한 탄압과 끔찍한 유혈사태로 끝맺는 악순환이 반복해서 일어났다.

가야바나 산헤드린 공회에 있는 그의 동료들에게 로마 지배하에서의 삶은 근심걱정 하나 없는 안락한 삶까지는 아니었지만 그래도 썩 괜찮은 편이었다. 지금보다 상황이 더 이상 악화되지 않고 아무 일도 일어나지 않도록 유지하는 것이 그들의 영원한 과제였다. 즉 이스라엘의 민족적·종교적 정체성이라는 예민한 문제들과 대로마제국의 식민지 소도시로서 정치적 현실 사이의 균형을 유지해야 하는 성가신 일이었고, 또한 그것은 쉽게 무너질 수 있는 균형이었다.

때로 현실적인 정치감각이 필요했기에, 상황에 따라서는 한 나라 전체의 유익을 위해 한 사람이 희생되는 것이 합당하다는 가야바의 주장은 당연하게 들릴 수도 있었다.

당시 유월절은 해마다 대제사장과 유대인 권력자들에게

골치 아픈 문제를 안겨주었다. 올해도 예외는 아니었다. 바로 앞 주일에 군중들이 종려나무 가지를 흔들고 소리 높여 외치며 예수님이 예루살렘에 도착하셨다는 소식을 퍼뜨린 것은 아무 사고 없이 유월절 행사가 끝나기를 바라는 사람들에게 불길한 예감을 주기 충분했다. 가야바는 어떻게 이 사태를 해결해야 할지 결정을 내려야 했다. 어째서 예수님은 위협적인 존재가 되었고, 결국 산헤드린 공회에서 재판을 받게 되었을까?

복음서를 모두 읽고나면 그 이유를 알게 된다. 공생애 사역 초반부터 예수님의 말씀과 행동은 유대 사회에서 그 무엇보다 현상 유지를 원하는 기득권 세력들과 갈등을 일으킨다.

예수님은 때로는 암묵적으로 때로는 노골적으로 기득권 세력인 정통 유대교에 문제를 제기하셨다. 율법을 어기거나, 아니면 최소한 기존의 사고와 행동 방식과는 맞지 않는 새로운 해석을 내놓으셨다. 따라서 예수님에 대한 최초의 반응 가운데 하나는 바로 바리새인들의 끊임없는 질문 세례였다. 어째서 당신과 당신의 제자들은 율법에 정해진 때에 금식하지 않는가, 어째서 당신은 율법을 어기고 안식일에 병자를 고쳐주는가… 예수님은 그 가르

치시는 것이 권위 있는 자와 같아서 사람들로 하여금 귀를 기울이게 하고 스스로 진리임을 입증한다고 사람들은 말하기 시작했다.

예수님이 하신 말씀은 대부분 종교 기득권 세력을 공개적으로 비판하는 내용이었다. 그러나 예수님의 말씀이 유대인들의 귀에 새롭고 놀라운 가르침으로 들렸을지라도 그 말씀이 서기관이나 율법선생의 말과 달리 진실성이 느껴진다는 것을 사람들은 곧 깨닫기 시작했다.

예수님 역시 자신이 가르친 그대로 행동하셨고 언제나 말과 행동이 일치했다. 예수님의 말씀은 위험천만하게 정통에서 벗어났고 도발적으로 들리기까지 했기 때문에 단순히 자칭 메시아나 선지자라 칭하는 사람의 신선한 목소리, 흥미롭기는 하지만 딱히 기존 체제에 피해를 줄 만한 파장력은 없는 움직임으로 무시해 버릴 수 없었다. 그랬다면 그것은 가야바나 그의 심복들에겐 매우 매력적인 선택이었을 것이다. 그러나 예수님은 그런 식으로 자신을 포장하지 않았다. 특이하게도 예수님의 사역은 요란하게 자신을 홍보하는 것과는 전혀 상관이 없었다. 그저 자신이 해야 할 행동을 하고 해야 할 말을 했을 뿐이며 나머지는 사람들이 자신에 대해 뭐라고 말하든 알아서 판단하도록 내버려두셨다.

하지만 예루살렘 인에서와 유대인들 사이에서 예수님의 존재감은 엄청나서 절대 무시할 수 없었다. 예수님의 말씀에는 권위가 있었고, 병든 사람을 고치고 사람들의 삶을 회복시켜주는 사역을 통해 예수님은 결국 피할 수 없는 운명을 떠안게 되었다. 예수님의 사역은 뭔가 특별했다. 절박한 상황에 있는 사람이나 속이기 쉬운 사람들에게 다가가 종교적 열정에 호소하며 그들을 이용해먹는 것이 주 특기인 보통의 종교 사기꾼이나 괴짜들과는 차원이 달랐다.

예수님과 제자들은 노골적인 자기선전은 말할 것도 없고 사람들의 칭송과 돈을 망설임 없이 선뜻 받아들이지 않았다. 오히려 예수님의 말과 행동에는 순전히 인간적인 차원으로는 설명할 수 없는 긴장감이 있었는데, 비록 간접적이긴 하지만 하나님나라, 즉 하나님의 권능과 통치가 그분의 존재와 사역을 통해 드러난다는 사실이었다.

사람들은 당연히 감탄할 수밖에 없었다. 사람들은 끊임없이 예수님이 어떤 분인지 묻기 시작했고, 그분이 어디를 가시든지 사람들은 곧 예수님에 관한 대화를 나눴다. 아무도 진지하게 주목하지 않는 종교 괴짜에 불과했다면 그분이 하신 말씀과 행동은 중요하지 않았을지도 모른다. 그러나 예수님이 어디를 가시든지 군중이 따라다녔다.

처음에는 호기심에서였지만 나중에는 그분의 말씀이 들을 가치가 있고, 그분과 동행하는 것이 가치 있는 일이라는 확신에서였다. 아무튼 예수님이 계속 활동하신다면 무슨 일이 일어날지 아무도 예측할 수 없었다. 심지어 예수님 자신은 지나친 유명세와 사람들의 주목을 피하려고 하셨지만 예수님의 말과 행동은 늘 사람들의 관심을 끌었다. "엄히 경고하시되 삼가 아무에게도 알리지 말라 하셨으나"마 9:30. 하지만 소용없었다. 나사렛에서 예루살렘까지 거의 모든 곳에서 예수님의 이름이 사람들의 입에 오르내렸다.

이 사람은 유월절 직전에 겨우 예루살렘 성 안에 도착한 사람이다. 그런데 지금 당돌하게도 유대교 기득권이라는 사자굴 안으로 들어가 도발적이고 논쟁적인 언행을 서슴지 않는다. 과연 예수님은 마치 유대교 기득권자들의 이익과 권위에 필연적으로 맞부딪칠 때까지 고삐를 늦추지 않으려고 작정하신 것 같다.

예수님은 당당하게 성전 안으로 들어가서 큰 소동을 일으키신다. 유대교의 오랜 역사를 상징하는 이 성전은 타락했으며, 그것을 정화할 수 있는 권위가 자신에게 있다고 주장하신다. 실제로 어떤 의미에서 성전은 예수님 한분만이 깨끗하게 만들 수 있는 그분의 것이었다. 성전 뜰에서 팔고 사고 하는 사람들과 돈을 바꾸어주는 사람들을 다 쫓아내신 후에는 다시 눈먼 사람들과 다리를 저는 사람들을 고쳐주셨다. "다윗의 자손에게 호산나!" 하고 외치는 아이들도 있었다.

마태복음에서 대제사장들과 서기관들이 화가 났다고 기록하고 있는데, 어렵지 않게 추측해볼 수 있다. 겉으로만 보면 그들이 화를 내는 것은 일리가 있다. "네가 무슨 권위로 이런 일을 하느냐 또 누가 이 권위를 주었느냐"마 21:23. 대제사장들과 장로들의 질문에 예수님은 바로 답변하지 않고 그들이 스스로 알아내도록 반문하신다.

이때 가야바는 이렇게 대답한다. "한 사람이 백성을 위하여 죽어서 온 민족이 망하지 않게 되는 것이 너희에게 유익한 줄을 생각하지 아니하는도다"요 11:50. 요한복음은 대제사장 가야바의 논리를 더 자세히 설명한다.

가야바의 논리는 이렇다. "만일 그를 이대로 두면 모든 사람이 그를 믿을 것이요. 그리고 로마인들이 와서 우리 땅과 민족을 빼앗아 가리라"요 11:48. 즉 예수님을 그대로 내버려둔다면 예루살렘에서 일종의 민족적·종교적 폭동이 일어날 위험이 있다는 말이다.

정말 그런 일이 일어나기라도 한다면 분명 로마는 곧바로 군대를 보내 진압할 것이고 더불어 산헤드린 공회를 해체하고 심지어 성전까지 무너뜨려 결국 유대인의 종교적·민족적 정체성과 독립운동의 상징이 제거되는 결과를 가져올 것이라는 논리다.

마가복음은 다음과 같이 기록하고 있다. "대제사장들과 서기관들이 듣고 예수를 어떻게 죽일까 하고 꾀하니 이는 무리가 다 그의 교훈을 놀랍게 여기므로 그를 두려워함일러라" 막 11:18. 예수님은 그대로 내버려두기에는 너무나 위험했고, 도발적이었으며, 대중들의 지지를 얻고 있었다. 유일한 해결책은 예수님을 제거하는 것뿐이었다. 그러려면 조금 께름칙하긴 하지만 과감하게 정도를 벗어난 꼼수를 써야 했고, 양심에 조금 걸리긴 해도 융통성을 발휘해야 했다. 하지만 이스라엘과 유대민족의 안위를 위해 필요한 일이었다. 예수님을 없애는 것만이 유일한 해결책이었다.

바로 그것이 존경받는 유대인 종교 지도자, 교사, 사업가, 정치인 등 일흔한 명의 기득권 인사들이 늦은 밤에 아무도 몰래 긴급하게 가야바의 집에 모인 이유다. 그들은 필사적으로 자신들의 행동에 면피용으로나마 정당성을 부여할 만한 증거를 모색했다.

그들은 사람들이 잠든 틈을 타 성전 경비대를 보내 예수님을 체포하고 엉터리로 급조한 재판에 넘긴다. 그야말로 야비한 방법이었는데, 게다가 사태의 긴박함 그리고 자신들이 선택한 행동이 옳은 것이라는 확신이 필요했기에 그 모임에 참석한 사람들은 처음에는 예수님을 악마화하기 시작하더니 점점 더 거리낌없이 폭력과 조롱으로 예수님을 학대하고 모욕했다.

하지만 궁극적으로 이 모든 일을 주도하고 있는 가야바 입장에서는 이런 갈등과 골치 아픈 상황은 정말 피하고 싶었을 것이다. 가야바로서는 예수님이 상황을 파악하고 자신의 말과 행동을 좀 삼가해주었다면 더 바랄 게 없었을 것이다. 하지만 오히려 정반대였다.

예수님은 자신의 행동이 몰고 올 결과를 아셨다. 그럼에도 타협하거나 굽히지 않으셨고, 다른 사람들이 정한 규칙에 따라 움직인 것이 아니라 자신의 사명이라고 믿는 바대로 끝까지 나아가셨다. 가야바에게는 선택의 여지가 없었다. 그런 상황에서 그가 할 수 있는 것은 없었다. 우리였다면 어떻게 행동했을까?

예수님은 가까이하기엔 불편하고 예측 불가능한 분일지

모른다. 예수님은 우리가 원하는 방식이 아닌 그분의 뜻대로 우리에게 다가오시기 때문이다.

예수님의 목적 그리고 그분이 삶과 사역을 통해 구현하는 바는 종종 자신과 이웃에 대한 우리의 생각 그리고 하나님 안에서 우리의 책임, 가치관, 우선순위 등 기존에 우리가 갖고 있던 개념들에 정면으로 도전하기 때문이다. 예수님께 우리 자신의 가치를 설득하고 잘 보이려는 노력은 그분께 아무런 의미가 없다. 그분이 우리를 무시해서가 아니다. (물론 때로 우리는 아무도 모르게 우리를 무시해주셨으면 하는 바람을 숨기기도 하지만 말이다. 잘 알려진 아우구스티누스의 기도에는 이렇게 표현되어 있다. "오, 주님 저를 구원하소서. 그러나 아직은 마소서!")

예수님의 가치관과 안목은 분명 우리와 차원이 다르다. 게다가 우리의 가치관을 재조정하는 일은 절대 편하고 쉬운 과정이 아니다. 예수님은 우리 안에 있는 번잡한 예루살렘으로 찾아오셔서 우리의 신앙생활 안에 있는 지저분하고 썩은 것들을 도려내기 원하신다.

예수님이 그 일을 마치실 때까지 그분은 우리와 함께 아무것도 하실 수 없다. 예수님은 우리 삶 가운데 아픈 것과 눈먼 것을 치유하고 회복시켜주려 하시지만 우리는 기뻐하고 자원하는 것이 아니라 오히려 분노하고 두려워한다. 우리가 예수님의 말씀대로 우리 자신을 내어드리고 변화되도록 했을 때 어떤 값을 치를지, 우리의 삶과 생각에 어떤 변화가 생길지 두려워하기도 한다.

우리 삶 가운데 우리가 원하는 많은 것들과 예수님의 주 되심 사이에서 갈등할 때 우리에게는 조금의 양보와 타협도 허락되지 않는다는 것에 화가 날 때가 있다. 그래서 종종 예수님이 우리에게 다가오실 때 우리는 애써 무시하거나 피하려고 한다. 그러나 곧 우리는 그분이 끝까지 포기하지 않으시고 우리를 찾으시며 그분의 말씀은 우리가 아무리 피하려고 해도 세상과 타협하며 평범하게 사는 것을 불편하게 만든다는 것을 깨닫는다.

예수님을 기쁜 마음으로 받아들이는 대신 우리는 가야바와 그의 추종자들이 했던 것처럼 행동한다. 때를 기다렸다가 어둠이 몰려왔을 때 우리는 조용하고 평화로운 삶을 위해 그분을 마음속에서 없애버린다.

*At The Cross*

## 기도와 묵상

주님, 때로는 가야바처럼

당신을 대면하고 싶지 않을 때가 있습니다.

초대하지 않았는데도 당신께서

우리에게 다가오실 때

우리는 변명부터 합니다.

오늘은 안 된다고

지금은 너무 어렵다고

너무 복잡하고 미묘하다고

우리는 주님이 오시는 조건을 우리가 정하려고 합니다.

하나님 나라를 이땅에 이루는 데

우리는 당신께서 우리의 생각과 행동을 지지하고

우리 계획을 인정해주길 원합니다.

그러나 당신이 우리에게 오실 때

그것은 우리가 아닌 당신의 뜻대로 오심을

그리고 조용하면서도 흔들림없이

한치의 타협이나 양보 없이

오직 하나님 아버지의 명령에 온전하게 순종하심을
우리는 압니다.
그리고 당신은 우리가
세운 계획들과 생각들을 다시 뒤집어엎으시고
우리가 당신을 무시할 수 없도록
선택의 자유를 주시지 않는다는 것을 깨닫습니다.
가야바처럼 당신의 뜻에 따를 때 우리가 지불해야 할
대가가 너무 크다고 생각한 것을 용서해주소서.
우리의 삶에 당신의 성령을 부어주셔서
당신께서 우리에게 다시 오실 때
두 팔 벌려 당신을 환영할 수 있도록
그래서 당신이 아니라
우리 자신, 우리의 계획, 우리의 우선순위를
십자가에 못박을 수 있게 하소서. 아멘.

5장

# 스스로 아무 결정도 내릴 수 없던 본디오 빌라도

눅 23:1-25; 요 18:28-19:16

본디오 빌라도는 어떤 사람이었을까? 물론 그는 권력자였다. 유대 지역 로마 총독으로서 상당한 군사력을 거느렸고, 이론상으로는 점령 중인 유대 지역에 대한 로마의 통치를 대표하는 사람이었다. 그의 허락 없이는 어느 누구도 아무것도 할 수 없었다는 말이다.

특히 예수님을 사형에 처할 권한을 가진 사람은 빌라도 한 사람뿐이었다. 유대인은 자신들의 전통적인 종교법이나 민법을 위임받은 만큼만 재량권을 행사할 수 있었고, 그것도 명확하게 정해진 한계 내에서였다. 실제 사형집행은 말할 것도 없고, 단순히 사형을 선고하는 것조차 유대인들 마음대로 할 수 없었다. 사형과 관련한 권한만큼은 로마가 직접 행사했다. 만약 가야바가 예수님을 사형시키기 원한다면 그는 그것이 로마제국이나 빌라도 개인의 이익에 부합하는 것임을 설득시켜야 했다.

그렇다면 겉으로 보기엔 정말 빌라도는 로마제국을 등에 업은 막강한 권력자였다. 그의 손에는 죄인에 대한 생사여탈권이 있었다. 예수님의 수난 이야기 속에서 가장 중요한 결정권이 오직 그의 손에 달려 있었다. 빌라도의 판단이 모든 것을 결정할 수 있었다는 말이다.

하지만 역설적이게도 복음서는 빌라도를 가장 나약한 인물로 묘사한다. 가야바가 예수를 신성모독자가 아닌(로마는 점령국의 종교 문제 따위엔 관심이 없었다) 자칭 메시아, 즉 로마 정부에 대해 정치 반란을 일으킬 수 있는 잠재적 위험인물로 설명할 때, 빌라도는 가야바에게 비교적 쉽게 조종당하는 모습을 볼 수 있다. 복음서에서 빌라도는 나약한 인간으로 그려지고 있긴 해도 분명 어리숙한 사람은 아니었다. 심지어 빌라도 자신도 가야바의 주장이 터무니없다는 걸 알고 있었다.

예수님께 던진 빌라도의 질문에서 우리는 빌라도 스스로도 어처구니없다고 느끼는 것 같은 말투를 발견할 수 있다.

"네가 유대인의 왕이냐?"요 18:33. 비록 복음서는 당시 예수님의 겉모습에 대해 거의 아무 묘사도 하고 있지 않지만 당연히 위험한 반란군 지도자의 모습은 아니었음을 어렵지 않게 추측할 수 있다. 요한의 증언에 따르면, 예수님이 빌라도에게 말씀하셨듯이 열심당원과는 달리 예수님을 따르던 자들은 무기를 갖고 있지 않았고, 예수님이 체포되신 이후에도 어떤 시위나 폭동도 없었다.

예수님과 3년 동안 동고동락했던 사람들은 모두 곧 다가올 위험을 깨닫자마자 신분을 속이고 군중 속에 섞여 숨어버렸다. 예수님이 자신에 대해 어떤 말을 했든지 간에 로마의 권위와 사회 질서에 대해 예수님이 실제적인 위협이 될 수 있다는 주장에 대해서는 빌라도조차 납득하기 힘든 정도였다.

그러나 가장 결정적인 순간에 빌라도 개인의 연약함과 정치적 약점이 그대로 드러난다. 가야바는 조용히 설득하듯 말한다. "이 사람을 놓으면 가이사의 충신이 아니니이다"요 19:12. 이 한마디의 말이 빌라도를 완전히 꼼짝 못하게 만든다.

정치권력을 가진 자리에 있는 사람들이 대부분 그렇듯 빌라도 역시 때때로 자신을 괴롭히는 과거의 기억과 극복

하지 못한 약점이 있다. 그리고 가야바는 조심스럽게 그것들을 건드리는 말로, 의도적으로 빌라도를 압박한다.

과거 빌라도가 유대인들을 다룰 때 서툰 실수를 저지른 적이 여러 번 있었고, 그때마다 결과적으로 자신의 정치경력에 기억하고 싶지 않은 오점을 남겼다. 갈릴리에서 물을 끌어오는 수로시설을 만든다고 성전세를 몰수하면서 예루살렘 성전을 중심으로 한 핵심 계층마저 빌라도에게 강한 반감을 품게 되었다.

빌라도는 공사의 수혜자가 비용을 지불하는 것이 당연하다고 생각했다. 유대인들이 혜택을 보는 일에 어째서 로마가 공사비용을 부담해야 하냐고 말이다. 하지만 전임자들과 마찬가지로 빌라도 역시 성전과 관련한 일이 유대인에게 얼마나 민감한 문제인지 제대로 이해하지 못했다.

유대인들은 성전 자금은 하나님께 바쳐진 것으로, 산헤드린만이 지출할 수 있다고 주장하며 빌라도에 대한 항의를 그치지 않았다. 이에 대해 빌라도는 자신이 앞으로 유대 지역을 어떻게 통치할 것인지에 대한 본보기로 군대를 보내 잔인한 학살극을 벌였다. 그런 유혈극은 빌라도 자신에게도 자랑스러워할 만한 일은 아니었다. 누가복음은 빌라도가 갈릴리 사람들의 피를 그들의 제물에 섞은 이야기에 대해 기록한다 눅 13:1.

로마 군인들에게도 무장하지 않은 유대인을 폭행하거나 죽이는 일은 자랑스러워할 만한 일이 아니었다.

이후 빌라도는 손상된 자신의 권위를 회복하기 위해 황제 티베리우스의 형상이 새겨진 방패를 사용하도록 했는데, 이것이 또 문제가 되었다. 유대인들은 그 조치를 매우 모욕적으로 받아들였고, 자신들의 종교 신념에 따라 그런 형상을 성전 관할 구역 안으로 가지고 들어오는 것이 우상숭배임을 지적했다. 유대인들은 대신 아무 형상이 없는 방패를 쓰도록 요청했다. 그러나 빌라도는 그런 터무니없는 주장에 관대하지 않은 강한 지도자의 이미지를 보여주기 위해 뜻을 굽히지 않았다. 로마 군대의 장비는 표준에 관한 문제이고 그 같은 미신적인 요구에 변경할 성질의 것이 아니라고 생각한 것이다.

이 일로 유대인들이 폭동을 일으키지는 않았다. 대신 티베리우스 황제에게 직접 탄원했다. 유대 지역을 담당하는 빌라도 총독의 행위는 비합리적이고 터무니없으며 로마제국의 이름에 먹칠을 하는 짓이라고 말이다. 그것은 사실 위험한 전략이었다. 만약 티베리우스 황제가 빌라도의 입장을 지지하기로 마음먹었다면 최소한 인간적 관점에서 더 이상 항소할 곳이 없었고 감히 로마 총독의 권위에 대항했던 사람들은 어떤 대가를 치러야 할지 전혀 예측할 수 없었기 때문이다.

그러나 티베리우스 황제는 최소한 빌라도보다 좀 더 나은 정치적 판단력을 지닌 사람이었다. 황제는 빌라도에게 유대인들의 감정을 건드리는 방패 문제를 공개적으로 백지화하라고 명령했다. 이 사건은 이후 빌라도의 정치적 입지와 권위를 약화시키는 결정적 계기가 되었다.

빌라도는 물론 유대인 지도자들도 알았다. (그리고 유대인 지도자들이 알고 있다는 걸 빌라도 역시 알았다.) 빌라도가 또 다시 그런 미숙한 정치적 실수를 저지른다면 티베리우스 황제는 용서하지 않을 것이라는 사실을 말이다. 빌라도의 정치 경력은 이제 막 정점을 찍은 참이었다. 빌라도의 관할구역에서 또 다시 말썽이라도 생기면 이제 모든 것이 물거품이 될 수 있었다.

이런 배경에서 보면 가야바의 말에 빌라도는 엄청난 압박감을 느꼈을 것이다. 종종 인간의 권력 게임에서는 실제로 말한 것보다 말하지 않은 것이 훨씬 더 중요할 때가 있다. "이 사람을 놓으면 가이사의 충신이 아니니이다!" 이론상으로 보면 로마의 군사력은 빌라도의 손가락 끝에 달려 있지만, 정작 빌라도의 두 손은 과거 자신의 정치적 오판과 그것을 이용하려는 가야바에게 묶여 있는 상황이었다. 이론적으로 따지면 빌라도는 예수님을 없애려는 가야바의 계획을 백지화할 수 있었지만(빌라도 자신도 얼마나 그렇게 하기를 바랐을까!) 실제로는 빌라도 자신도 예수님이 죽어야 한다는 것을, 그렇지 않으면 자신이 정치적 대가를 치러야 함을 알았다. 정직함에는 엄청난 대가가 필요했고, 빌라도는 그것을 감당할 수 없었다.

빌라도는 예수님을 놓아주기 위해 여러모로 유대인들을 설득하지만 유대인들은 뜻을 굽히지 않는다. 그리고 빌라도는 양심과 정의에 대한 요구에도 불구하고 결국 유대인들이 원하는 대로 예수님을 넘겨준다. 빌라도의 마지막 행동은 이 일이 자신이 직접 내린 결정이 아님을 보여주려는 것이었다. 빌라도는 자기 자신에게, 그리고 군중들에게 이 사건에서 자신이 중립적이었음을 확인시키고자 한다. 예수님을 죽이려고 공모한 사람들과 자신은 전혀 무관하다는 사실을 빌라도는 문자 그대로 자기 손을 씻는 행위로 보여준다.

용서할 수 없는 죄에 대해 스스로 의미 없는 면죄 선언을 하면서 이미 피로 뒤범벅이 된 손을 씻으려 하지만 물론 소용 없는 일이다. 오랜 역사를 통해 많은 정치인들이 그렇게 간단히 책임을 회피할 수 없다는 것을 알았기 때문이다.

초대교회 때부터 "본디오 빌라도에게 고난을 받으사 십자가에 못박혀 죽으시고"라는 구절을 통해 빌라도가 예수님의 정치적 살인의 공범자로 기억되고 있다는 사실은 아마도 딱 들어맞는 역설이 아닐까. 어떤 정치인도 역사에 그런 인물로 기록되기를 바라지 않았을 것이다.

우리는 때때로 예수님을 대할 때 빌라도와 같지는 않을까? 우리는 때로 기대하지도 않고 반갑지도 않은 상황에서 예수님을 만날 때가 있다. 예수님을 직면할 때 우리는 그분의 말씀에 호기심이 생긴다. 뭐라고 딱 꼬집어 말할 수는 없지만 그분의 말씀에서 뭔가 특별하고 색다른 점을 발견한다.

우리의 능력, 시간, 충성, 나아가 우리의 삶 자체에 대한 그분의 요구에 뭔가 이끌리는 힘을 느낀다. 어쩌면 세상과 사람들 앞에서 끝까지 예수님의 편에 서야 한다는 거부할 수 없는 의무감을 느낄 수도 있다. 하지만 곧 우리는 치러야 할 대가가 생각보다 너무 크다는 걸 알게 된다. 그래서 우리는 뒤돌아 배신하거나 예수님을 죽이는 대신 상황을 모면하기 위해 변명하고 불편한 중립을 택하든지 아니면 도덕적으로 애매한 입장을 취한다. 우리는 할 수 있는 한 마지막까지 미루거나 결정을 내리지 않는다.

그러나 빌라도가 경험했듯이 그런 방법은 우리에게 아무런 유익이 되지 않는다.

## 기도와 묵상

거룩하신 아버지

우리의 재판관으로

그리고 그를 통해 우리를 구원하시려고

당신의 아들을 이 땅에 보내셨나이다.

하나님의 온전한 아들로 살아내신 당신의 삶을 통해

계속해서 당신의 거룩한 사랑을 벗어나려는

우리의 광기와 방탕함을 보게 됩니다.

우리는 스스로 기준을 만들고

가치를 결정하고

삶의 계획을 세우고

스스로 재판관이 되려고 합니다.

빌라도처럼 예수님의 연약함과 겸손에 직면할 때

우리는 왕되심의 진정한 의미를 깨닫습니다.

하지만 우리가 당신 편에 서는 것이 쉽지 않습니다.

세상의 힘이 우리를 집어 삼키려고 합니다.

예수님에게서 벗어나려고 하는 유혹을 이기게 하소서.

그가 우리를 위해 자신을 헌신하신 것처럼

예수님에 대한 우리의 헌신도 굳건해질 수 있게 하소서. 아멘.

# 6장

# 죽을 고비를 넘긴 바라바

막 15:6-15; 요 18:38-40

복음서는 바라바에 대해 많이 언급하지 않는다. 바라바는 가장 중요한 장면이 연출되는 동안 무대에 등장했다가 재빨리 사라지는 일종의 조연 역할을 할 뿐이다. 바라바에 관한 이야기는 예수님의 이야기와 잠깐 교차되어 엮이는 동안에만 중요한 역할을 한다. 게다가 바라바의 대사는 한 줄도 없다. 따라서 복음서 기자들이 바라바의 삶과 인격에 대해 자세히 설명하고 있지 않다는 사실은 그리 놀라운 일이 아니다.

그러한 자세한 설명은 복음서 기자들의 제한된 목적을 넘어서는 내용인데다가 정말로 중요한 다른 문제에 대해 독자들의 관심을 놓치게 할 수 있기 때문이다. 예수님의 이야기에서 바라바가 중요한 것이라기보다 바라바의 이야기에서 예수님이 훨씬 더 중요한 인물임을 쉽게 추측할 수 있다. 물론 복음서 기자들은 후자에 더 관심을 기울인다.

하지만 일부 알려진 파편적인 사실들을 고려하면서 동시에 알려지지 않은 사실들, 바라바의 삶과 그가 예수님을 "만나지 못한 경험", 즉 살면서 실제로 예수님을 한 번도 만나지는 못했지만 결국 예수님의 삶과 운명을 이제 바라바 자신과 분리해 생각할 수 없게 된 그런 이면의 사실들을 상상해보는 것은 도움이 된다.

요한복음에서 바라바를 묘사할 때 쓴 레스테스라는 단어는 '강도'라는 의미다. 고린도전서 11장 26절에서 바울은 고대 시대에 여행자들이 지나가기를 기다렸다 급습해 돈과 목숨까지 빼앗던 폭력배들을 묘사할 때 동일한 단어를 사용한다. 아마도 바라바는 그런 조직폭력배의 일원이었을지도 모른다. 하지만 여기에는 그 이상의 의미가 있다.

다른 세 복음서는 바라바를 스타시에스테스, 즉 최근 정치적 반란에 가담했고 그 과정에서 살인을 저지른 사람으로 소개한다. 이런 설명은 바라바를 유대 사회에서 일반 범죄자와 정치범 사이의 희미한 경계선에 속한 사람으로 묘사한다. 로마제국에 협력하는 유대인 지도자들에게 불만을 품은 이들 반란군들은 목적을 위해 수단과 방법을 가리지 않고 로마에 피해를 입힐 수 있는 기회를 노렸다.

바라바를 반역자 또는 폭도로 칭하는 것은 요한의 기록과 모순되지 않는다. 폭력적인 목적을 위해 폭력적인 수단을 일삼는 사람들은 종종 자신들의 활동을 재정적으로 뒷받침하기 위해 더 다양한 범죄들에 손을 댄다. 정상적인 사회와 경제 구조에서 벗어나 있는 바라바 같은 부류의 사람들은 살아남기 위해 무차별적인 절도와 무장 강도 행위를 계속 저질렀을 것이다. 그들의 목적은 절박했고, 그것을 이루기 위해 필사적으로 저항할 각오가 되어 있었다.

그러나 바라바 같은 인물을 낭만적으로 묘사하려는 유혹에 흔들려서는 안 된다. "한쪽에서 독립운동가이면 반대편에서는 테러리스트다"라는 말에는 분명 어떤 한계가 있으며, 윤리적인 선과 악의 경계선을 흐리게 만들어서는 안 된다. 바라바를 범죄와 폭력의 나락으로 떨어뜨린 진짜 원인이 무엇이든, 맨 처음 그의 원대한 목적이 무엇이든, 바라바는 강도이자 살인자였지 1세기판 로빈후드가 아니다.

그럼에도 불구하고 군중들이 바라바를 유월절 사면 대상으로 추천한 것을 보면 일종의 터프한 매력이 그에게 있었음을 추측해 볼 수 있다. 대다수 군중들은 바라바가 선택한 삶의 방식과 수단이 선량한 유대인들을 위험에 빠뜨렸다는 면에서는 그를 용서하지 않았을지라도 정치적 관점에서 만큼은 넓게 봤을 때 그가 느낀 감정에 공감하고 있었다. 정치적 갈등이 극에 달한 상황에서 사람들은 바라바가 저지른 범죄와 폭력을 간과하고 쉽고 편리하게 그를 반로마 운동의 상징으로 볼 수도 있었다. 빌라도가 드러내놓고 바라바보다 예수님을 풀어주기 원했다는 사실은 그 자체로 대중들을 윤리적 근시안으로 만들어 순식간에 "예루살렘 사람을 놓아달라!"고 외치게 하기에 충분했을 것이다.

놀라운 사실은 가야바와 유대인 지도자들이 이런 시위를 계획하고 주도하면서 유월절에 몰려든 군중을 광적인 수준으로 선동해 빌라도로 하여금 또 다시 폭동이라도 날 것을 두려워해 그들의 요구를 들어줄 수밖에 없게 했다는 것이다. 어쨌든 유대인들에게 바라바 같은 사람은 수치였다. 게다가 반정부주의자들은 유대인들이 그나마 로마로부터 얻어낸 자치권과 종교의 자유마저 심각하게 위협할 수 있었다.

이런 잘못된 열심당원들이 저지르는 끔찍한 행위가 계속된다면 결국 로마 정부는 인내심이 한계에 도달해 팔레스타인 지방을 경찰국가로 만들 것이다. 길을 걷다가 혹시라도 그런 폭력배들과 맞닥뜨리게 된다면 자신의 운명이 어떻게 될지 그들도 잘 알고 있었다.

여러모로 바라바 같은 사람은 재빨리 체포해 로마법의 재판을 받게 하는 편이 유대인 지도자들에게도 충분한 이유가 있는 선택이었다. 그러나 유대인 지도자들은 공모해서 예수님이 아닌 바라바를 놓아주도록 했다. 이것은 분명 유대인 지도자들이 얼마나 예수님을 두려워하고 증오했는지를 잘 보여준다.

바라바는 예수님에 대해 얼마나 알고 있었을까? 그가 감옥에서 나와 예루살렘 거리의 군중들 속으로 들어갔을 때, 자기 대신 부당하게 십자가형을 당하신 예수님에게 자신이 얼마나 큰 빚을 지었는지 어느 정도까지 이해했을까? 바라바는 도대체 무슨 일이 일어났던 것인지 알아보려고 했을까? 그는 호기심 어린 눈으로 예수님 이야기의 비참한 결말을 보기 위해 주변을 잠시 서성였을까? 아니면 근거 없는 과장된 혐의로 다시 체포될지도 모른다는 두려움에 뒤도 돌아보지 않고 곧바로 멀리 도망쳤을까?

어쩌면 바라바는 골고다라는 언덕을 지나 엠마오로 가는 길로 떠났을지도 모른다. 만약 그랬다면, 바라바는 자기 대신 죽을 위기에 처한 그 사람에게 사람들이 무슨 짓을 하고 있는지 잠시 멈추어 뒤돌아보았을까? 만약 그랬다면 자신의 손에 너무나 많은 피를 흘린 그 무뎌진 영혼에 어떤 영향을 주었을까? 혹시라도 어떤 감정을 느꼈을까? 안도감? 동정심? 후회? 부끄러움? 무관심?

어쩌면 바라바는 단지 운 좋게 자유의 몸이 된 것만을 생각하고 이것저것 따져보지 않았을지도 모른다. 자신 대신 예수님이 죽으신 것. 바라바의 관점에서 보면 그것은 엄청나게 득이 되는 거래였을 뿐. 그것이 과연 공정한 것이었는지, 그 의미는 무엇인지에 대한 고민은 나중이었다. 혹시라도 그런 고민을 한다면 말이다.

지금 이 순간 바라바가 할 일이라고는 일단 실제적인 면에서 지금 상황을 받아들이고 기억 속에 깊이 각인된 죽을 뻔한 지난 과거의 일은 최대한 잊어버리는 것이다. 어쨌든 바라바는 비록 원했다 하더라도 아무것도 상황을 바꿀 수 없었다. 그의 생각을 묻는 사람은 아무도 없었다.

자신의 자리를 대신하게 해달라고 예수님을 불러들인 것도 아니다. 다른 누군가가 자신에 관한 모든 결정을 내렸고, 자신은 그저 예상치도 못하게 주어진 기회를 받아들여야 했을 뿐이다.

아마도 바라바는 아무도 자신을 쫓아오지 않는다는 것을 알고 잠시 숨을 고르기 위해 멈췄을 때 자신에게 일어난 이 모든 기이한 일들에 대해 생각해 보았을 것이다. 그 모든 사람들 중 자신이 선택되어 십자가 처형을 면했을 뿐만 아니라 자신이 지은 과거의 죄로부터 해방되어 자유의 몸까지 된 것이다. 오후 세 시 무렵이었다. 지금쯤이면 그는 마지막 숨을 내쉬고 죽었을 것이다. 대신 이제 그는 자신이 원하는 것을 할 수 있다.

황제의 사면은 말 그대로 황제의 사면이었고, 이번에는 정말 아무 함정도 없었다. 만약 인생을 새로 시작할 기회 같은 것이 정말 존재한다면 바로 지금이었다. 바라바는 이유야 어쨌든 예수님에게 감사해야 한다고 생각했을 것이다. 세상에 이런 일이 다 있다니 정말 신기하기도 하지! 바라바는 예수님이 어떤 생각을 하셨을지 궁금했다. 사회의 쓰레기 같은 존재인 자기 대신 죽게 되고, 전혀 아무런 상관 없는 문제에 엮인 상황을 예수님은 어떻게 받아들이셨을까?

예수님은 빌라도에게 더 잘 대처해야 했다. 듣기 원하는 대답을 해주거나, 빌라도에게 아부하는 말이라든가, 꼭 필요하다면 허리라도 좀 굽혔다면 말이다. 그랬다면 예수님은 석방되든지, 최소한 로마제국이 흡족해하도록 감옥에 갇힐 수도 있었다. '탈출을 시도했다가 붙잡힌 죄수'라는 이름이 덧씌워지겠지만 그래도 최소한 목숨은 부지했을 것이다. 하지만 그랬다면 십자가에는 예수님 대신 바라바가 매달렸을 것이다. 살아남을 것이라고 전혀 예상하지 못했는데 지금 이렇게 창창한 미래 앞에서 이제 어떻게 살 것인지 생각하고 있는 바라바 말이다.

―――――― 기도와 묵상 ――――――

**바라바의 선택**

바라바는 더럽고 어두운 감옥 안에서 바깥에서 들리는 군중들의 웅성거림을 유심히 들었다. 바깥은 평소보다 유난히 시끄러웠다. 조금 있으면 간수들이 바라바를 사형장으로 데려갈 것이다.

성 밖에서 망치 소리, 톱질하는 소리들이 벌써 들리기 시작했다. 장인들이 서로 잡담과 농담을 주고받으면서 오늘 사용될 무시무시한 사형집행 기구를 만드는 중이었다.

물론 바라바는 사형받아 마땅했다. 살인죄는 로마법에 따라 교수형에 처했다. 그렇지만 바라바는 곧 자신에게 닥칠 일을 상상하기 싫었다. 이전에 수많은 죄수들이 십자가형을 당하는 걸 봤기 때문이다. 그들의 얼굴에 드러난 고통과 두려움. 그리고 그렇게 죽는 데 시간이 오래 걸린다는 걸 알았다. 심지어 자신에게조차 인정하기 싫었지만 죽는다는 사실 자체보다 이 특별한 처형방식이 더 무서웠다. 십자가형에는 굴욕과 조롱뿐이다.

바라바는 그저 죽는 마지막 순간까지 군중들이 보면서 즐길만한 처참한 모습을 보여주지 않을 정도의 의지력이 남아 있길 바랄 뿐이었다. 만약 그런 짓을 저지르지 않았더라면… 하지만 이제 그런 생각을 하기에는 너무 늦었다. 오늘 바라바는 자신이 저지른 죄에 대한 대가를 치를 것이다. 오늘 '정의'가 이루어질 것이다.

바깥의 군중들은 점점 더 흥분하는 것 같았다. 바라바는 왜 그렇게 소란스러운지 궁금했다. 한 시간 정도 전에 그들은 재판을 위해 나사렛 출신 목수인 예수를 끌고왔다. 예수는 유대인 권력자들을 비판한 것 때문에 사람들의 분노를 샀다. 그러나 바라바가 아는 한 예수라는 사람은 심각한 범죄를 저지르지 않았다. 물론 그는 굴욕을 당할 것이다. 아마도 성난 군중을 달래기 위해 야만적인 매질을 한 후 풀어줄 것이다.

군중들의 고함소리는 점점 더 커졌다. 바라바는 군중들이 외치는 소리를 다 들을 수는 없었지만 어쩌다 들린 소리에 깜짝 놀라 갑자기 멍해졌다. "바라바를 우리에게 놓아주소서! 예수를 십자가에 못박으소서!" 이제 곧 있으면 모든 게 끝날 거다.

바깥 복도에서 발자국 소리가 들렸다. 바라바는 속이 울렁거렸고, 감옥 문이 열리는 소리가 들리는 순간 갑자기 구토가 나올 것 같았다. 문이 열렸을 때 그는 잠시 나즈막한 목소리로 짧게 기도를 했다. 오래된 습관은 정말 끊기 어려운 것이었다.

이후 몇 분 동안 일어난 일은 다시 제대로 생각해 보는데 몇 분이나 걸렸다. 분명 실수가 있었을 것이다. 그는 간수가 자신에게 했던 말을 되뇌었다. "바라바를 석방한다. 이제 가도 좋다. 이유는 묻지 마라. 아무튼 사람들은 너 대신 나사렛 예수를 십자가에 못박을 것이다."

7장

# 억지로 십자가를 진 구레네 시몬

막 15:20-32

로마의 일반적인 십자가 처형 방식은 죄인을 처형장으로 끌고 나오기 전에 먼저 잔인하게 매질을 가하는 것이다. 세로로 땅에 박아놓은 말뚝은 자주 사용되었기 때문에 처형장에 그대로 고정되어 있었고, 가로대로 쓰이는 무거운 목재는 죄수들이 처형장까지 직접 지고 가서 십자나 T 모양의 교수대에 매달리도록 말뚝에 고정하게 된다.

예수님의 경우 채찍질로 인해 피를 많이 흘리셨고, 분명 몸이 많이 쇠약해지셨을 것이다. 결국 십자가를 지고 가지 못할 정도로 육체적으로 약해졌기 때문에, 로마 군인들은 주변에 있던 한 사람을 지목해 예수님의 십자가를 대신 지고 예루살렘 밖 처형 장소까지 동행하게 한다.

이렇게 구레네 사람 시몬은 자신의 의사와는 상관없이 얼떨결에 예수님이 십자가로 가시는 길에 끌려가게 된다. 심지어 시몬은 그날 십자가형을 구경하러 나온 군중 가운데 낀 사람도 아니었다. 그는 다른 곳에 가는 길이었다. 예루살렘 성 밖 밭에서 일하다가 이제 집으로 돌아가는 길이었을지도 모른다. 심지어 예루살렘 성 안에서 어떤 일이 일어났는지 듣지 못했을 수도 있다. 하지만 갑작스럽게 당한 일에 그리 놀라지도 않았다.

이스라엘은 로마 식민지였다. 로마 군인들이 평범하고 선량한 유대인들을 자신들에게 필요한 궂은 일에 강제로 동원하는 일은 타민족의 지배하에 있는 백성들이 날마다 겪는 불행한 일상일 뿐이다.

마가복음에서 단 한 구절 나오는 것 말고는 우리는 시몬에 대해 아는 바가 거의 없다. 그러나 이 구절은 놀랍게도 많은 것을 암시한다. 시몬은 북아프리카 해안, 오늘날 리비아에 위치한 구레네라는 도시 출신이다.

이 도시에는 꽤 큰 유대인 공동체가 있었고 시몬은 분명 유대인이었을 것이다. 그가 아프리카 출신이기 때문에 복음서 독자들은 그를 흑인으로 상상했을 것이고 실제로 그럴 가능성도 있다. 유대인이면서 동시에 흑인이라는 말인데, 오늘날 예루살렘을 방문한 사람들은 이스라엘 군인들 중에 흑인이 꽤 많다는 사실에 놀라기도 한다. 이들은 팔라샤스족으로 알려진 에티오피아의 흑인 유대인들이다. 따라서 예루살렘에도 흑인 유대인들이 있었을 것이다. 누구든지 유대교로 개종할 수 있었고 실제로 많은 사람들이 개종 후 유대인이 되었다. 고대 세계에서는 피부색에 따른 차별이 존재하지 않았기 때문에 유월절을 지키던 유대인들과 이방인들 가운데 흑인이 많았다는 사실은 그리 놀라운 일이 아니었다.

시몬이 흑인이었다는 사실을 확실하게 알 수 있는 방법은 없다. 그가 팔레스타인 밖에 거주하는 유대인 디아스포라 공동체 출신이었다가 다시 예루살렘으로 돌아온 사람이라는 것만 알 수 있을 뿐이다. 시몬은 유월절을 지키기 위해 예루살렘을 방문한 순례자가 아니었다. 그는 성 밖 밭에서 일하고 있었고 예루살렘 거주민이었다. 따라서 그는 로마제국 식민 지배 아래 가장 말썽 많은 지역에서 늘상 발생하는 크고 작은 소동과 폭압에 익숙해져 있었다.

마가복음에서 마지막으로 시몬에 대해 암시하는 바는 그가 그리스도인이 되었다는 사실이다. 마가는 시몬을 알렉

산더와 루포의 아버지로 밝히는데, 이는 그 둘이 마가복음의 첫 독자들에게 이미 잘 알려진 교회 지도자가 아니라면 별 의미 없는 정보다. 자신의 뜻과 상관없이 우연히 예수님 사건에 관련되어 예수님의 십자가를 강제로 지게 된 일이 그를 어쩌다 예수님의 제자로 만들었다. 그렇다면 과연 무엇이 십자가의 길을 가는 예수님의 고통에 동참했던 시몬을 변화시켰을까?

적어도 시몬에게 예수님의 십자가 사건은 자신이 목격한 다른 사건들과 다르게 다가왔을 것이다. 일단 운이 없게도 직접 이 사건에 연루되었기 때문이다. 따라서 예수님의 십자가를 대신 지고 가는 시몬의 눈, 즉 평범한 1세기 유대인의 관점으로 예수님이 당하신 그 끔찍한 고문과 사형 과정을 바라보는 것이 중요하다. 1세기 유대 지역에서 십자가형은 딱히 특별한 일이 아니었다.

시몬은 분명 다른 죄수들이 십자가형을 받고 서서히 고통스럽게 죽어가는 모습을 수백 번 넘게 지켜봤을 것이다. 로마제국 치하의 어느 곳에서든 그런 광경을 어렵지 않게 볼 수 있었다. 십자가형은 자주 있는 일이었다. 다만 유대 팔레스타인 지역에서 특별히 가장 많았다. 최근 로마의 통치 강화에 대한 유대인의 저항이 바로 이 야만적인 처형법이 고안된 이유였기 때문이다.

30년 전에 약 2천 명이나 되는 유대인들이 예루살렘 밖에서 동시에 십자가에 못박힌 사건이 있었고 그후로도 더 많은 수가 십자가형을 당했다. 죄수, 노예, 반역자들을 무차별적으로 공개 십자가형에 처함으로써 로마 권력을 상징하는 잔혹함이 로마 지배하에 있는 유대인들의 뇌리에 각인되도록 했다.

흥미로운 점은 십자가형이 당시 로마제국에서 가장 흔한 처형 방식이었지만, 고대 문헌 중 복음서만큼 십자가형에 관해 길고 자세하게 기록한 책은 없다는 사실이다. 왜 고대의 저서들은 십자가 처형에 관해 자세한 기록을 남기지 않았을까? 분명 십자가형을 목격한 경우가 많았을 텐데 어째서 고대의 기록가들은 실제로 십자가형을 언급하는 것조차 꺼려했을까? 두 가지 이유를 볼 수 있을 텐데, 사실 이는 우리가 예수님의 십자가형을 당시 상황에서 이해할 수 있게 해준다.

첫째로 고대 시대에 관한 기록을 남긴 저자들은 대부분 교양 있는 지식층이었고 그들에게 십자가 처형은 단지 생각만 해도 끔찍한 방식이었기 때문이다. 십자가형은 가능한 가장 고통스럽게 사람을 죽이도록 고안된 방식이었다.

체온 저하와 질식으로 극심한 고통 속에 천천히 죽어가며 그 자리에서 사형 집행자들이 잔혹한 행위를 마음대로 더 가하기도 했다. 십자가형은 매우 극악한 고문이었다. 그 과정을 지켜본 사람들은 누구라도 알 수 있었다. 따라서 교양 있는 문인들은 되도록 언급하기를 피했다. 그렇다고 십자가형을 반대한 것도 아니다.

비록 자신들은 생각조차 하고 싶지 않았지만 사회질서를 유지하기 위해 십자가형을 당연시했다. 십자가의 잔혹성을 지나치게 부각하는 것은 모든 점령국을 인간적이고 자비롭게 통치하며 번영과 안정을 가져다주는 로마제국의 이미지에 부정적인 영향을 줄 것이라는 판단 때문이었는지도 모른다. 어쨌든 그들은 전형적인 이중사고를 하고 있었다. 한편으로 그들은 문명화된 가치를 지닌 이상적인 사회의 이미지를 유지하면서도 다른 한편으로는 사회의 평화는 탄압과 공포라는 기제로 유지된다고 믿었다.

사회 불안을 조장하는 범죄를 억제하기 위해서라도 십자가 처형은 실제로 공개적인 방식으로 진행되었다. 그럼에도 불구하고 로마제국의 영광을 찬양하는 고대 문서나 기록에서는 십자가형에 관한 내용이 더욱 철저하게 배제되어 있었다. 율리우스 카이사르 같은 장군이나 플리니우스 같은 훌륭한 총독들조차 수많은 사람을 십자가에서 처형했으면서 자신의 회고록에서는 언급조차 하지 않았다.

고대 문서들이 십자가형을 거의 언급하지 않은 두 번째 이유는 십자가형을 당한 사람들이 중요한 인물이 아니었기 때문이다. 중요한 사람들, 로마 시민이나 사회 지도층 인사들은 십자가형에 처할 수 없었다. 십자가형은 노예나 이주민 같은 낮은 계급의 사람들에게만 해당되었다. 특히 로마제국에 반역한 범죄나 반항적인 노예들에게 내리는 처벌이었다(사실 여기서 '반항적인'이라는 말은 특별한 의미가 아니다. 로마의 시인 호라티우스의 기록을 보면 식탁에 국물을 가지고 오면서 몰래 맛을 본 하인을 십자가형에 처한 주인을 예로 든다). 십자가형은 거대한 로마제국의 정치적 지배력과 노예제도 사회를 유지하는 효과적인 도구였다. 노예들이 사회 전복을 위해 폭동을 일으키거나 유대민족 같은 식민 국가들이 로마의 통치에 대항하는 것에 대한 공포와 두려움으로 인해 로마에서 예루살렘에 이르기까지 수천 명의 사람들이 십자가 위에서 처형당했다.

십자가형은 로마의 자랑인 제국의 질서와 안녕, 평화라는 팍스로마나의 어두운 이면이었다. 다수를 위한 평화와 번영은 이 야만적이고 잔혹한 십자가형에 의해 유지되었다. 문명사회를 숭배하고 그 혜택을 누리는 자들을 위해 십자가형은 존재했다.

사회의 안녕과 질서라는 환상 속에서 그것을 누리는 사람들 대신 그 대가를 치르는 낮은 계층의 사람들, 필요 없는 사람들을 간단히 제거할 수 있는 방법이었기에 십자가는 쉽게 잊혀질 수 있었다. 그렇게 한 사회의 희생자들은 사람들의 기억 속에서 사라지는 것이 당연했고, 십자가 자체에 대한 언급도 사람들의 관심에서 멀어졌다.

어떤 사회든 피해 계급이 있게 마련이고 대부분의 사회에는 그들을 억압하고 잊게 만드는 기제들이 있다. 가장 극명한 예가 오늘날 많은 독재국가에서 자행되는 고문과 감옥 그리고 실종 사건들이다. 이런 독재자들은 자신을 포장하는 선전을 한다. 보스니아의 대량 학살과 그것을 둘러싼 침묵의 공모가 좋은 예다.

오늘날 세계적인 현상은 도시 정화라는 미명 아래 관광객과 사업가들을 끌어모으기 위한 목적으로 보기에 안 좋은 노숙인이나 거리의 아이들을 사회에서 몰아낸다. 그런데 그들이 바로 그 사회의 실상을 보여준다. 사회의 희생자들을 억압하고 외면함으로써 '인간적인' 사회라는 환상을 유지하는 것은 매우 유혹적이다. 그러나 그것은 우리가 스스로 속지 않기 위해서라도 모두 저항해야 하는 일이다.

어째서 구레네 시몬과 그의 아들들이 전한 메시지, 십자가에 달리신 하나님, 예수님에 관한 복음이 로마제국 사람들에게 그렇게도 거북하게 다가왔는지 이제 우리는 알 수 있다. 폭도나 노예처럼 사형당하신 하나님, 사회에서 중요하지도 않고 또 잊혀져야 할 희생자였던 하나님. 그런 하나님에 대한 이야기는 로마 시대의 사람들에게는 잔인하고 듣기 거북한 메시지였고, 로마 문명의 어두운 이면을 드러냈으며, 예의를 지키는 대화에서 언급하지 말아야 할 야만성을 폭로했고, 로마 사회를 지탱했던 환상을 깨뜨렸기 때문이다. 예수님은 그렇게 그저 잊혀져야 하는 한 희생자였어야 했다. 예수님의 십자가는 우리가 알지 못하는 다른 십자가들처럼 그렇게 아무것도 아닌 것이어야 했다. 그러나 정반대로 예수님의 십자가는 수많은 사람들이 기억하게 되었다.

예수님의 십자가 이야기는 계속해서 사람들에게 전해졌고, 이후 이백 년 동안 로마 사회는 이 십자가에 죽은 예수님에 대한 기억을 다른 경우와 마찬가지로 지우려고 노력했지만 결국 실패했다. 예수님은 다른 잊혀진 모든 희생자들, 공포와 억압에 희생된 모든 이들, 사회에서 홀대받고 잊혀진 자들, 스스로 주류라고 생각한 사람들의 달콤한 환상에 대한 대가를 치른 자들과 연대함으로써 그들이 기억되도록 했다.

그렇다면 골고다로 예수님의 십자가를 지고 가면서 그리고 로마 군인들이 예수님을 십자가에 못박는 동안 시몬은 무엇을 보았을까? 바로 로마제국에서 거의 매일 일어나는 일상을 본 것이다. 예루살렘의 유대인에게는 그저 늘 일어나는 잔인하고 굴욕적인 만행이었을 뿐이다. 이해할 수 없어도 하나님께서 그분의 백성에게 허락하신 고난. 그날 예수님은 세 명의 죄수 가운데 한 명이었다. 다른 두 명은 강도였다. 당시 많은 유대인들이 먹고 살기 힘들어졌을 때, 높은 세금과 임대료 때문에 쫓겨나 산으로 도망쳐 도적떼가 되어 부자들의 집에서 물건을 훔치며 살았다. 그들은 로마의 압제와 유대인 부역자들의 권력체제에 저항했던 소작농 출신이었다. 이들은 이념적인 혁명가가 아니라 경제적 어려움으로 인해 유대인 저항세력에 합류하게 된 평범한 사람들이었다. 로마제국이 보기에 사회체제에 위협적인 존재였고 그래서 십자가형에 처해진 사람들이었다. 그리고 로마는 예수를 그와 같은 부류로 보았다.

예수와 그를 따르는 자들은 로마법에 따라 사회질서 유

지를 위해 진압되었다. 유대인 대제사장들도 예수를 괴롭혔다. 그들도 로마와 같은 관점으로 예수님을 바라보았기 때문이다. 그들은 자신들의 기득권을 유지하기 위해 예수님을 희생양으로 삼았다.

시몬은 분명 자신이 직접 연루되면서 십자가형이 얼마나 끔찍한지 훨씬 더 생생하게 깨닫게 되었다. 수많은 유대인들이 오늘 이 세 명의 사람들처럼 십자가에 달려 죽었는데 자신은 그저 십자가를 메고 가기만 했다는 사실에 안도감을 느꼈을지도 모른다. 그러나 시몬은 또한 예수님에게서 다른 죄수들과는 달리 뭔가 구별되는 점을 깨닫기 시작했다.

다른 이들처럼 예수님 역시 분명 희생자였다. 그분의 옷은 로마 병사들의 전리품이었다. 죄수의 지위로 의도적으로 낮춰지는 과정에서 인간 존엄의 마지막 보루를 박탈당하신 것이다. 오랜 시간 고통을 겪으신 후 예수님은 마지막으로 "내가 목마르다"라고 하셨다. 그것은 십자가의 고통뿐만 아니라 아무것도 할 수 없는 무력함, 로마 병사들에게 자비를 구하는 데까지 낮아지신 것을 의미한다.

예수님의 무력함은 야유하는 구경꾼들의 비웃음과 조롱으로 더욱 드러났다. 만일 예수님이 생각보다 빨리 죽으신다면(보통 죄수들은 십자가에서 죽지 않고 오랜 시간을 매달려 있기도 한다) 그것은 심지어 아버지 하나님으로부터도 버림받았다는 절망감 때문일지도 모른다. 마침내 모든 이들로부터 버림받았다는 절망감 말이다.

예수님은 그날 자신과 함께 십자가에 달린 다른 두 사람과 같이 다른 모든 사회적 약자들과 자신을 동일시하며 죽으셨다. 예수님은 수많은 다른 사람들이 여전히 계속 들어가고 있는 어둠 속으로 자원하여 들어가셨다. 예수님은 그 어둠을 피할 수도 있었다. 원하기만 했다면 이미 오래전에 체포되지 않고 피신할 수 있었다. 그러나 예수님은 자신을 위해서가 아니라 다른 이들을 위해 그들의 고통에 동참하셨다. 자신의 유익이 아니라 그들을 사랑하고 그들과 함께하는 일을 사명으로 여기셨다.

복음서는 십자가에 달린 예수님에게 진통제로 제공된 신포도주에 대해 기록하고 있다. 예루살렘 여자들은 긍휼에 대한 종교적 의무의 하나로 사형수들에게 진통제 역할을 하는 향신료술을 제공했다. 하지만 예수님은 마시기를 거부했다. 예수님은 고통의 쓴 잔을 끝까지 다 마시기로 하셨기 때문이다. 예수님은 어둠 속에 가려진 다른 사람들의 운명에 동참하기 위해 신포도주에 취하지 않고, 희생자들의 어둠 속으로 들어가셨다.

그들과 마찬가지로 예수님도 고난을 겪으신 희생자였다. 그리고 만약 그분이 또한 그 고난을 이겨내셨다면 그것은 그들에 대한 사랑 때문이었다. 고난은 예수님으로 하여금 자신의 이익만을 생각하게 만들지 못했다. 다른 사람들과 달리 예수님은 고난에도 불구하고 타인을 배려하는 영적 능력을 잃지 않았다. 오히려 정반대였다. 예수님은 십자가에서 죽어가는 순간에도 주변의 모든 사람들을 배려하고 사랑을 베푸셨다. 그 사랑은 예수님의 양 옆에서 십자가에 달린 두 희생자들, 그리고 슬픔 가운데 있는 예수님의 어머니, 심지어 십자가 처형을 집행하고 있는 병사들에게까지 닿아 그들을 위해 용서를 구하는 기도를 하신다.

구레네 시몬이 본 것이 바로 이것이었을까? 시몬은 십자가에 매달리신 이분이 비록 다른 죄수들과 마찬가지로 비참한 상태였지만 다른 이들을 향한 사랑과 배려를 지켜보면서 뭔가 다르다는 것을 깨닫기 시작한 것일까? 그때 시몬은 로마제국의 잔인함을 목도하면서 예수님을 단지 유대 저항운동의 영웅이나 로마제국 체제 유지를 위한 희생자가 아니라 고통당하는 자들 그리고 심지어 고통을 주는 자들 모두에게 하나님의 사랑을 가져오신 분임을 깨달기 시작했다.

예수님은 기꺼이 자신의 죽음을 받아들였다. 그러나 그것을 일종의 자살 행위로 상상해서는 안 된다. 보통 자살은 도피의 수단으로 간주된다. 로마의 작가 세네카는 십자가형을 받느니 차라리 자살이 훨씬 더 나은 선택이라고 추천했다. 정확하게 말해서 예수님의 십자가는 개인적인 죽음이 아니라 다른 사람들과 가장 깊은 연대 안으로 들어가는 여정이었다.

예수님이 자원해서 받아들인 것은 다른 사람들이 예수님 자신에게 저지른 불의였다. 죄 없는 희생자로서 예수님은 자신을 다른 모든 죄없는 희생자들과 동일시하셨다. 범죄자로 낙인찍힌 후 예수님은 다른 모든 정죄받은 죄인들과 하나가 되셨다. 고통받아 죽게 내버려진 그분은 인간 역사에 존재한 모든 희생자들과 함께하셨다. 일부 예외가 있을 수 있긴 하지만 인간에게 있어 고난이란 그 누구의 책임도 아닌, 그냥 사실로 받아들여야 할 당연한 것이 아니다. 사람들의 이기심, 탐욕, 태만과 부주의에 대해 일부 사람들이 대신 그 대가를 치르는 것이 바로 인간의 고난이다. 사랑으로 인해 고통당하셨고, 또 고통 가운데서도 사랑하신 이 예수라는 분은 고통받는 모든 사람들과 함께하시는 하나님의 사랑이다.

　예수님의 십자가를 따르는 일은 예수님이 함께 고난받으신 자들, 예수님이 동일시하신 희생자들을 기억하는 일이다. 감옥에 갇혀 사회로부터 단절되어 잊혀진 사람들, 정치적 선동에 의해 가려진 사람들, 세상의 어두운 곳에 방치된 사람들, 개인적인 트라우마와 슬픔에 갇혀 있는 사람들, 아무도 찾아오는 이 없는 집에 혼자 고립되어 살아가는 사람들, 그 모든 사람들을 기억하는 일이다.

　세상에는 잊혀지고 방치된 수많은 고난과 고통이 있다. 그 희생자들을 잊지 않기 위해 우리는 예수님과 함께 십자가의 길을 따라가야 한다. 세상의 환상에서 벗어나 잔인한 현실을 바라볼 수 있어야 한다. 그것은 어렵고 대가를 치러야 할 일이다. 그러나 구레네의 시몬이 그랬던 것처럼 그것을 통해 우리는 예수님께 더 가까이 가게 될 것이다.

## 기도와 묵상

구레네 시몬과 함께
로마의 잔인함에 고통당했고
로마의 압제를 목격했습니다.
부조리한 세상의 체제를 보았습니다.
약자들 위에 군림하는 강자들의 폭정
가난한 자들에 대한 부유한 자들의 착취
탐욕의 지배와 환경의 파괴를
그리고 주 예수님
우리는 당신이 희생자들 속에 계신 희생자로서,
그리고 또한
희생당하는 운명을 선택한 분임을
깨닫습니다.

당신이 당하신 잔혹한 죽음에서
우리는 세상을 치유하는 사랑을 봅니다.

희생자들 가운데 함께하신 당신의 자리에서

우리가 세상을 볼 수 있게 하시고

구레네 시몬처럼

우리가 당신의 십자가를 지고 가는 데

우리의 몫을 다하게 하소서.

그 십자가는 또한 그들의 십자가이기도 하기 때문입니다.

## 산티아고에서 그리스도의 십자가 전하기

칠레의 소외 계층 사람들과 일하기 시작한 곳은 바로 이곳 차카부코였다. 시간이 지나면서 나는 점점 그들을 사랑하게 되었다. 과거 그들은 술에 취해 지내던 알콜중독자, 부랑자, 성매매 여성들이었지만 그들은 원하는 것도 거의 없었고 다만 우리가 해줄 수 있는 작은 것들에 항상 감사하던 따뜻한 마음을 가진 사람들이었다. 그들 대부분은 떠돌이 신세였고, 시간과 여건이 허락되면 신속하게 검사를 받고 적절한 위로를 받았으며, 언제나 그런 건 아니지만 주사나 처방전 또는 진단서를 받으면 근처 대학 부속병원 전문 부서로 보내졌다. 그러나 일부는 꿰맨 실밥을 뽑거나 또는 특별히 복잡한 상처인 경우 다시 붕대 치료를 받으면서 나의 든든한 친구가 되었다.

그들 가운데 일부는 내게 선물을 주기도 했는데, 특히 더 감동받은 이유는 사실 그들이 진짜 가난한 사람들이었기 때문이다. 때때로 나는 그들의 삶에 개입하게 되었고 그들이 직면한 엄청난 문제들과, 그것을 해결해줄 수 없는 나의 무능력함 사이에서 절망하기도 했다.

화니타는 스물두 살 여성으로 간질 발작이 있기 시작하면서 몇 주에 한 번씩 만났다. 어느 주일 아침 나는 그녀에게 주사를 처방하고 나서 그녀를 데리고 온 여성과 이야기를 나누었다. "화니타는 나흘 동안 거의 아무것도 못먹었어요." 나는 화니타를 좀 더 주의 깊게 진찰했고, 창백하고 여윈 모습을 보면서 그녀에게 정말 아무것도 먹지 못했는지 물었다. 정말 아무것도 못먹었다고 했다. 그날은 일요일이어서 도와줄 수 있는 사회복지사들도 없었다.

그녀는 혼자 서 있을 수조차 없는 상태여서 나는 일단 그녀를 입원시켰다. 이것저것 물어보면서 나는 그녀의 슬픈 이야기를 알게 되었다. 그녀의 간질은 선천적인 것이 아니었다. 수영 강사로 일했던 곳에서 텅빈 수영장 바닥에 떨어져 머리를 다친 후 발병한 경우였다. 두개골은 금이 갔고, 목뼈도 부러져 병원에서 여러 달을 보냈고 퇴원한 후 몇달이 지난 후부터 갑자기 심한 간질 발작이 시작되었다. 그로부터 1년 후 어머니가 돌아가셨고, 아버지는 다른 여자와 살기 위해 화니타에게 다른 여섯 명의 형제자매를 맡긴 채 집을 나갔다.

나는 사회복지사와 만남을 주선해 화니타를 도울 방법을 찾았다. 그녀는 정부 서비스를 받지도 못했고 설상가상으로 수영장 주인으로부터도 아무 보상을 받지 못했다. 마지막으로 그녀를 만난 건 내가 막 근무를 마치고 퇴근하려던 참에 발작이 시작되어 그녀가 입원한 날이었다. 나는 그녀가 신경정신 병원에 입원할 수 있도록 조치를 취했다. 그 병원에서 어느 정도 간질 발작 통제가 가능하게 되었지만 그녀의 삶에 행복한 결말은 없었다.

나를 절망하게 한 또 다른 예는 서른세 살의 자궁암 말기 환자였다. 그녀를 치료하던 방사선 병원에서는 더 이상의 치료가 무의미하다고 포기했다. 세 차례 진통제 주사를 맞기 위해 그녀를 만난 후 나는 이웃 병원인 산후앙 드디오스 병원 부인과에 간곡한 편지를 써서, 그녀가 마지막을 그곳에서 보낼 수 있도록 했다.

그녀는 내 미국인 친구가 사역하던 교구에서 왔고, 그 친구는 몇 차례 병문안을 와서 마지막 몇 주 동안 위로와 평안을 줄 수 있었다. 내 환자들 대부분은 힘들고 고달픈 삶을 살아가는 슬픈 사람들이었다.

나는 더 많은 시간 기도하고 하나님을 향한 나의 사랑이 좀 더 구체적으로 드러나기를 노력하면서, 마태복음 25장 36절 말씀 "병들었을 때에 돌보았고"를 생각하며 내 환자들 가운데 하나님을 점점 더 많이 구하게 되었다. 나는 일하는 대부분 시간 동안 좀 더 자상하고 부드러운 사람이 되려고 무던히 노력했다. 하지만 지치고 배고프거나, 환자들에게 시달렸을 때는 나의 선한 의도와 유머감각은 온데간데 없어지고, 조급하고 딱딱한 태도로 변하기도 했다.

내게 인간이 되신 그리스도에 대한 비전은 그냥 저절로 일어난 일이 아니라 내가 노력했을 때, 가끔씩만 발견할 수 있는 것이었다. 오랜 시간 드린 나만의 기도는 피조물 안에 계신 하나님에 대해 점점 더 많이 깨닫게 해주었다.

세상은 하나님의 장엄함으로 충만하다.

그것은 활활 타오르리라, 흔들리는 금박이 빛나듯이.

_G. M. 홉킨스, 〈하나님의 위대함〉


안데스 산맥 너머로 지는 석양에서, 또는 끝없는 파도를 보면서 하나님을 느끼는 것은 어렵지 않은 일이다. 그러나 인간 안에 있는 그리스도의 형상은 매우 변색되어 있어서 놓치기 쉽다.

그는 오늘 어디에 있는가?
그는 흑인이고
미시시피 거리에서 흠씬 매맞았으며
화장실 변기에서 쓰러져 죽었고
팔에는 주사자국이 많았고
그는 술에 취해 구석에 앉아 있었고
도시의 산부인과 병원에 입원되었고,
스무 명의 사람이 한 아파트에 모여 사는…
애팔래치아 산맥의 오두막에 사는 열 명의 사람들…

그는 이 모든 사람들이자 그 이상이다.

_크리스토퍼 윌리엄 존스, 〈순례자여 들어라!〉


몇 주가 몇 달이 되면서 나는 기도 시간을 찾고 또 늘려갔다. 나는 출근 버스를 타면서 바쁘지 않은 때 내 인내에 대한 보상을 받았음을 깨달았다. 나는 그분을 점점 더 산티아고의 상처받은 사람들 안에서 보게 되었다.

_쉐일라 카시디

8장

# 어둠을 견뎌낸
# 막달라 마리아

막 15:33-41

예수님의 공생애 기간 동안 두 부류의 제자가 있었다. 먼저 예수님과 함께 여러 장소를 다니며 복음을 전하고, 아픈 자들을 치유하며, 나중에 예수님이 마지막으로 예루살렘에 방문하실 때 그 운명의 기간 동안 예수님과 동행한 제자들이 있었다. 바로 문자 그대로 예수님을 '따라다녔던' 제자들이다. 그리고 또한 베다니의 마리아와 마르다 그리고 나사로 형제자매처럼 각자 가정과 집이 있는 제자들도 있었다. 그들은 예수님을 '따라다니지는' 않았지만 예수님이 마을에 방문하실 때마다 자신들의 집으로 직접 초대했다.

예수님과 항상 함께 다니던 첫 번째 부류 제자들의 경우

복음서를 읽는 독자들은 대부분 가장 먼저 열두 제자를 떠올린다. 이들은 예수님이 직접 선택하셨고, 이스라엘의 열두 지파를 상징하기도 했다. 그리고 열두 제자는 모두 남자들이었다. 그러나 이 열두 제자와 다른 남자 제자들 이외에도 팔레스타인 지방에서 예수님과 동행하던 여성 제자가 여럿 있었고, 이들도 예수님의 마지막 예루살렘 방문에 동행했다. 이들 가운데 일곱 명의 이름이 우리에게 알려져 있다. 열두 제자와 비교했을 때 그들의 이름을 기억하는 사람이 많지 않기에 여기서 다시 그 이름들을 언급할 필요가 있다.

예수님의 어머니 마리아, 예수님의 이모이자 요셉의 동생 글로바의 아내인 마리아, 부유한 귀족 출신으로 헤롯의 토지 관리인의 아내 요안나, 수잔나, 살로메, 야고보와 요셉의 어머니 마리아, 그리고 마지막으로 막달라 마리아이다.

열두 제자와 관련해 알려진 것이 많지 않은 것과 마찬가지로 이들 여성 제자들에 대해 우리가 알고 있는 바는 거의 없다. 다만 예수님이 십자가에 못박히셨을 때, 열두 제자는 모두 도망갔지만 이 여성 제자들은 예수님의 십자가를 끝까지 지켜보았다. 따라서 예수님의 십자가에 동참하기 위해서는 우리 역시 이 여성 제자들이 서 있는 곳에 함께 있어야 한다.

예수님의 어머니 마리아를 제외하면 우리에게 가장 많이 알려진 여자는 막달라 마리아다. 흔히 생각하는 것과는 달리 막달라 마리아에 대해 알려진 바는 많지 않다. 특히 많은 사람들이 잘못 알고 있는 사실, 즉 마리아가 매춘부였다는 것은 사실이 아니다. 복음서에서 마리아에 대한 그런 언급은 전혀 발견할 수 없다. 다만 우리는 막달라 마리아가 십자가 위의 예수님을 자기 눈으로 직접 보려 했다는 것만큼은 알고 있다.

예수님과 동행한 대부분의 제자들처럼 마리아 역시 갈릴리 출신인데, 믹달 또는 막달라로 불리는 작은 마을에서 태어났다.

마리아는 복음서에서 귀신이 들렸다고 표현하는 사람들 가운데 하나였다. 그것은 그들이 큰 죄인이라는 의미가 아니라 온갖 종류의 정신적 피해를 입히는 악한 영들로 인해 고통받았다는 의미다. 귀신들린 자들은 악한 자들이 아니라 악에게 괴롭힘을 당하는 사람들이다. 예수님은 그들을 '용서하신' 것이 아니라 악한 영에서 구하셨다. 복음서에 따르면 막달라 마리아는 예수님이 귀신들을 쫓아내시기 전까지 일곱 귀신들에게 사로잡혀 있었다.

숫자 일곱은 그녀를 사로잡고 있던 악한 영이 '엄청났음'을 의미한다. 마리아는 평정심을 잃고 발작했다. 평소 그녀를 알고 있던 주변 사람들조차 더 이상 제정신이 아닌 마리아에게서 과거의 모습을 찾아볼 수 없었다. 마리아는 무엇인가에 의해 완전히 사로잡혔다. 목소리는 알아들을 수 없었고, 분노로 가득한 마리아의 눈에서는 뭔가 이질적이고 악한 시선이 느껴졌다. 때로 폭력적으로 변한 마리아를 결박해야 하는 상황도 발생했다. 그렇지 않으면 어떤 때는 악한 힘에 사로잡혀 자해를 시도했기 때문이다.

예수님은 귀신들린 마리아를 구원하셨고 제정신으로 돌아오게 회복시켜주셨다. 이후 막달라 마리아는 예수님의 가장 헌신된 제자 중 한 명이 되었다. 마리아에게 예수님의 제자가 된다는 것은 어떤 느낌이었을까?

귀신이 그녀에게서 떠났을 때 그것은 마치 갇혀 있던 영원한 암흑의 감옥에서 해방되어 자유롭게 된 것과 같았다. 예수님은 마리아를 전혀 예상치 못했던 빛 가운데로 이끄셨으며, 이제 모든 것이 믿기 힘들 정도로 새로워졌고, 하나님의 은혜와 선하심을 어디에서든 만끽할 수 있었다.

마리아는 자신이 발견한 조그만 빛이 모든 피조물 가운데 있는 어둠을 밝히는 하나님의 위대한 빛이 되기를 기대하며 예수님을 따랐다. 그들이 어디를 가든 정말 수많은 사람들이 귀신에 사로잡힌 상태에서 자유롭게 되었고, 질병과 장애로부터 치유받았으며, 죄와 사망에서 구원을 얻었다. 예수님과 제자들이 가는 곳마다 빛이 비치고 어둠이 물러났다. 거대한 사탄의 감옥문이 열리고 포로된 자들이 물밀듯 자유를 찾아 뛰쳐나왔다. 사탄의 폭력은 예수님의 사랑과 권능에 패배했다. 하나님의 나라가 가까이 왔다.

그런데 이제 십자가를 가까이에서 지켜보는 마리아의 마음은 어땠을까? 어둠이 다시 찾아왔다. 한낮의 초자연적 어둠이 골고다 언덕을 뒤덮었다. 하지만 겉으로 보이는 이 어둠은 골고다에서 마리아의 심령에 다가온 영적 어둠의 상징에 불과하다.

마리아가 그동안 추구하며 살아온 모든 것이 이렇게 끝났다. 삶의 목적이었던 그분을 잃었고, 그분께 두었던 모든 희망도 깨져버렸다. 그녀 안에 있던 악한 영을 물리친 그분이 이제 악에게 패했다. 그녀를 괴롭힌 모든 고통에서 해방시켜주신 분이 이제 그 고통을 몸소 겪고 있었다. 밝아오던 빛은 거짓으로 드러났고, 다시 어둠이 예전처럼 모든 피조물을 휘감았다.

골고다 언덕에서 막달라 마리아가 경험한 어둠은 단순히 그녀가 갇혀 있던 사탄의 감옥으로 돌아가는 것을 의미하지 않았다. 이제 마리아는 자신의 어둠이 아니라 예수님의 어둠 속으로 들어간다. 예수님의 어둠은 온 세상의 어둠이다.

마리아는 온 세상의 희망이 예수님께 있다고 생각했기에. 이것은 거대한 희망이 한순간에 물거품이 되는 황량함이다. 이제 앞으로 마리아에게 자신과 세상을 비춰주는 빛은 더 이상 없다. 골고다 언덕에 서 있는 자신을 감싸는 칠흑 같은 어두움과 적막함뿐이다. 예수님이 고통 가운데 죽으신 것을 보고 원수들이 "저가 남은 구원하였으되 자기는 구원할 수 없도다"라고 조롱하는 것을 듣고 있는 마리아에게 이제 세상의 빛은 사라지고 없다. 예수님이 자신을 구원하지 못했으니 이제 그는 더 이상 다른 사람들을 구원할 수 없다. 빛은 사라지고 다시 어두움이 세상에 몰려왔다.

그러나 십자가 앞에 선 마리아와 동행하기 위해서는 그녀가 느낀 절망감만 상상해서는 안 된다. 마리아는 끝까지 예수님께 충성한 제자였음을 또한 기억해야 한다. 마리아는 어두움과 절망감을 견뎌냈다. 예수님을 도울 수 있는 능력은 없었지만 그럼에도 끝까지 자리를 떠나지 않았다. 마리아는 도저히 감당하기 힘든 장면을 지켜본다.

마리아가 이 절망의 자리로 달려와 어둠이 끝나기까지 세 시간 동안 그 자리를 떠나지 않고 지켰던 것은 바로 그녀의 신실함 때문이었다. 마리아는 어둠 속에서 모든 절망의 시간을 견뎌냈다. 어떤 위로도 소용없음을 알았다. 오직 예수님에 대한 사랑과 충성 때문에 마리아는 예수님 곁에 남았다. 마리아는 바로 그 자리에 남아 어둠의 시간을 견뎌내고, 무덤까지 죽은 예수님을 쫓아간다. 그리고 며칠 후 다시 무덤을 찾아왔을 때 예수님의 시체가 사라진 것을 발견하고 또 한 번 절망감을 느끼게 된다. 막달라 마리아는 어떠한 위로도 없이 어둠의 시간 내내 믿음을 잃지 않았기 때문에, 그녀는 지금 부활절 아침 아직도 그 자리에 서 있다. 그리고 부활하신 예수님을 만나는 첫 번째 제자가 되었다.

모든 피조세계를 밝혀주는 하나님의 빛에 대한 마리아의 생각은 틀리지 않았다. 자신이 해방되었다는 사실에서 온 세상도 악으로부터 자유롭게 될 것이라는 위대한 희망을 본 마리아의 생각은 틀리지 않았다. 그러나 온 세상에 빛을 가져다주기 위해 예수님은 스스로 어둠 가운데로 들어가

셔야 했다. 따라서 마리아가 느낀 절망감 역시 잘못된 것이 아니다. 어두움, 폭력, 악의 권세에 복종, 그 모든 것은 실재했다.

예수님은 어떤 위로도 없이 홀로 그것들을 감당하셨다. 아버지 하나님은 예수님을 죽도록 내버려두셨다. 예수님은 이렇게 외치셨다. "나의 하나님, 나의 하나님, 어찌하여 나를 버리시나이까."

골고다 언덕의 어둠은 예수님의 절망을 상징한다. 그리고 바로 그 어둠 안으로 마리아는 들어갔고 끝까지 견뎌냈다. 빛도 희망도 위로도 없는 곳에서 끝까지 신실함을 지키는 것, 바로 그것이 마리아에게 필요했다. 마리아는 예수님과 함께 인류 역사의 가장 어두운 시간을 견뎌냈고, 역으로 예수님은 마리아와 함께 절망과 죽음을 견뎌냈다.

오직 십자가의 길을 통해서만 부활의 빛이 온 피조세계를 비춰줄 수 있다. 이것이 바로 구원의 비밀이다. 예수님은 한 마디 명령이나 신적 능력을 가진 마법의 지팡이를 휘둘러 어둠을 물리치지 않으셨다.

예수님은 세상에서 가장 힘없는 사람들이 절망 가운데 있는 낮은 곳으로 내려가셨다. 마리아가 끔찍한 고통을 겪었던 일곱 귀신이 있는 감옥에 들어가셨고, 아우슈비츠에서 산 채로 불에 타 죽은 아이들의 시체 사이에 누우셨다. 예수님은 끔찍한 일을 당하고 난 뒤 무엇으로도 위로할 수 없는 부모들의 무감각해진 마음을 함께 나누셨다. 예수님은 물리적으로 정신적으로 고립된 감옥의 어둠 속에서 죄수들과 함께하셨고, 더 많은 이들이 어둠의 권세에 굴복할수록 점점 짙어지는 보스니아와 르완다의 어둠 가운데 함께 계셨다. 예수님은 흑암의 깊은 곳으로 친히 내려가셨다. 오직 그 방법을 통해서만 예수님은 어둠의 권세 안에 있던 모든 이들을 새로운 피조세계의 빛 안으로 데려올 수 있었기 때문이다. 가장 버림받은 자들조차 예수님의 부활에 참여할 수 있도록 예수님은 가장 버림받은 자로서 십자가에서 죽으셨다.

하지만 막달라 마리아는 그것을 알지 못했다. 마리아는 단지 절망 속에서도 예수님에 대한 신실함으로 어둠을 견뎌낸다.

우리 자신이 직접 그런 어둠 가운데 거하는 일이 자주 있지 않더라도 우리는 모두 그런 경험을 했거나 하고 있는 사람들을 알고 있다. 그런 어둠의 그늘 속에서 평생을 살고 있는 사람들에 대해 듣기도 한다. 그러나 우리는 모두 언젠가 한두 번은 직접 그런 어둠을 경험하기도 한다. 모든 것이 의미 없어 보일 때, 세상의 악에 대해 절망할 때, 그리고 불현듯 하나님에 대한 믿음에 의심이 들 때. 비록 짧은 기간일지라도 삶 가운데 절망이 주는 어두운 느낌을 맛보게 된다. 그런 느낌은 순식간에 왔다가 지나가기도 하지만 갈보리 십자가의 절망감을 짧게나마 일별할 수 있게 해준다. 때로는 더 오랜 기간 경험하게 될 때도 있다.

사랑하는 사람을 잃었을 때, 하루하루 사는 일이 암울해 보일 때, 아무런 희망도 보이지 않을 때. 이런 경험들은 상실감, 고립감, 고독, 거절감, 고통처럼 외적으로 겪는 일일 수도 있고, 우울증, 절망감, 또는 최악의 경우 하나님을 잃어버린 것 같은 느낌 등 내적 경험일 수도 있다. 내적인 경험을 할 때에도 우리는 어둠 한가운데 있는 것처럼 느끼고, 앞으로 살아야 할 이유를 찾지 못하게 된다.

이런 어둠의 경험과 골고다 언덕 어둠 속의 십자가에 달리신 예수님은 두 가지 면에서 서로 관련이 있다. 첫째, 우리는 어둠 속에 있을 때 예수 그리스도를 찾게 된다. 십자가에서 예수님은 우리의 어둠을 함께 나누셨다. 예수님의 사랑이 우리와 함께하시기에 우리는 어둠 속에서도 빛을 발견하고, 절망 가운데에서도 그분의 임재가 주는 위로를 얻는다.

예수님은 하나님에게 버림받는 고통까지 경험하셨기 때문에 우리가 버림받았다고 느끼는 그 순간 그분께서 직접 우리에게 하나님의 임재가 되어주신다. 그것은 마치 우리가 감옥에 갇혀 있을 때, 우리를 사랑하는 누군가가 찾아와서 우리의 고통을 함께 나누려고 하는 것과 같다.

우리의 어둠 가운데 하나님의 사랑을 비춰주심으로, 예수님은 사랑이 없는 우리의 어두운 마음을 치유해 주신다. 우리가 세상의 어둠을 바라보았을 때, 마치 하나님이 계시지 않는 것 같은 죽음의 땅, 하나님에 대한 무지와 증오로 가득한 적막한 어둠, 바로 우리가 살고 있는 이 사회 속에서 여전히 우리는 하나님의 임재를 발견한다. 골고다 언덕의 어둠 속에 하나님이 계셨던 것처럼.

그것이 바로 우리가 어둠 속에 있을 때 처음으로 경험하게 되는 십자가다. 예수님의 임재가 우리 가운데 있을 때, 우리의 사랑 없는 마음 가운데 하나님의 사랑이 채워지고 버림받은 것 같은 절망 속에서 하나님의 임재를 경험하게 된다. 그러나 막달라 마리아가 경험한 것에 더 가까운 또 다른 십자가의 경험이 하나 더 있다. 때로 우리 자신이나 세상의 어둠 가운데에서 우리는 예수님이 견디신 그 어두움만 경험할 수 있을 뿐 끝없이 하나님이 없는 것만 같은 상황에 놓일 때가 있다. 어떤 희망이나 위로도 없는 것 같다. 우리는 단지 어둠 속에서 절망 가운데 계시는 예수님과 함께 있을 뿐이다. 막달라 마리아처럼 우리가 할 수 있는 것이라고는 그 어둠 속에서 떠나지 않고 아무 희망도 갖지 못한 채 기다리는 것뿐이다.

마리아가 그 자리를 지킬 수 있었던 것은 오직 예수님에 대한 사랑과 충성 때문이었다. 오직 그 마음 때문에 마리아는 그 자리를 떠날 수 없었다. 그러한 경험을 통해서만, 마리아가 그랬던 것처럼 우리는 새롭게 하나님을 경험하게 된다. 물론 그 당시에는 그것이 불가능해 보일지 모른다. 마리아에게 그랬던 것처럼 우리 역시 보이는 것이라고는 어둠뿐이다.

오직 충성된 자만이 끝까지 버티고 그 자리를 지킬 수 있다. 그때야 비로소 우리는 빈 무덤 곁에 서 있다가 놀란 마리아처럼 처음에는 깨닫지 못하더라도 다시 부활하신 그리스도께서 우리의 이름을 부르시는 그 음성을 듣게 될 것이다.

*At The Cross*

―――――― 기도와 묵상 ――――――

주 예수의 아버지 되신 하나님
우리는 막달라 마리아와 같은 사람들을 기억합니다.
한낮의 어둠
위로받을 수 없는 상실감 가운데
있던 사람들
예수님에 대한 충성된 마음으로
그 절망감을 견뎌낸
사람들을 위해 기도합니다.
주님의 임재의 빛이 그들에게 다시 비칠 때까지
어둠 속에 있는 그들과 함께하소서.
절망 속에서 아직 예수님을 알지 못하는 사람들이
예수님의 절망을 통해
그들과 함께하시는 당신의 임재를 발견하게 하소서.
당신의 사랑이 없는 세상의 고통 속에서
당신의 임재를 거부하는 세상의 비극 속에서
우리가

세상의 어둠 가운데 계신 당신의 임재를

십자가에 달린 예수님을 볼 수 있게 하소서.

그분 안에서

세상을 향한 한결같은 사랑을

세상을 위한 당신의 계획에 대한 믿음을

온 피조물 안에 있는 당신의 임재

정오의 햇빛처럼 세상을 비춰줄 희망을

발견하게 하소서.

죽음의 그늘이 우리 삶에 드리울 때

또는 우리가 감옥에 갇힌 것 같을 때

우리 자신을 위해 기도합니다.

주님,

우리로 하여금

갈보리 십자가를 볼 수 있게 하시고

골고다 언덕에서 당신을 다시 만날 수 있게 하소서.

## 어둠 속에 계신 하나님

### 스물 다섯 살 아들의 갑작스런 죽음을 접하고

하나님, 저는 지금 당신께서 인도하신 막다른 골목에 서 있습니다. 어릴 적부터 하나님에 대해 들었고, 하나님을 믿었습니다. 다른 신자들과 함께 기도하고, 일하며, 찬양하고, 말씀을 들으며, 그리고 당신의 임재를 구하며 살았습니다. 내게 있어 당신의 멍에는 무겁지 않았습니다. 하나님의 임재는 늘 내게 즐거움이자 아름다운 미소였습니다.

그러던 어느 날 정오의 하늘에 어둠이 몰려왔습니다. "아드님께서 숨을 거두었습니다"라는 말을 듣는 순간 빛은 순식간에 사라졌습니다. 이 어둠의 시간, 당신은 어디 계십니까? 나는 빛 가운데 계신 당신을 찾는 법은 배웠지만, 이제 여기 이 어둠 속에서 더 이상 당신을 찾을 수 없습니다. 만약 내가 당신을 찾지 않았다면, 아니 찾았지만 만나지 못했더라면, 이렇게 당신의 부재에서 오는 고통을 느끼지 않았을 겁니다. 아니면 혹시 당신의 부재가 아니라 오히려 당신의 임재가 나를 이해할 수 없고 혼란스럽게 하는 것입니까?

나의 눈은 이 어둠에 적응하게 될까요? 한 줄기 빛도 없는 이 어둠 속에서 나는 당신을 다시 발견하게 될까요? 그런 어둠 속에서 당신을 발견한 사람이 한 사람이라도 있나요? 그들은 자신이 본 것을 사랑하게 되었나요? 그들은 사랑을 보았나요? 빛이 사라졌을 때 부를 수 있는 노래가 있나요? 내가 배운 노래들은 전부 찬양과 감사와 회개였습니다. 아니면 그냥 이런 어둠 속에서는 침묵하며 기다리는 것만이 최선인가요?

_니콜라스 월터스토프

## 어둠의 세 시간

**제육시(정오)가 되자 온 땅이 캄캄해지기 시작했다**

왜 이 시간에 이렇게 어두워지고 있을까? 세상에 지금 무슨 일이 일어나고 있는 건가? 십자가 처형장은 특별할 것이 없었다. 새로운 고문을 고안해낸 것도 아니고 병사들은 그저 예수님의 옷을 놓고 주사위 내기를 하고 있었다. 곧 장례를 치러야 하는 분위기였다. 하지만 실제 일어나고 있던 일은 바로 죽음의 죽음이었다. 제구시(오후 3시)까지 그 세 시간 동안 예수님은 더 악한 사형 집행자와 싸우고 있었다. 예수님은 더 무시무시한 죽음을 당하고 있었다.

겟세마네 동산에서와 같이 이곳에서도 무시무시한 침묵이 흘렀다. 하지만 몇천 배나 더 좋지 않은 상황 같았다. 갑자기 모든 것—그분의 선하심, 인간의 악, 조용한 옥수수밭, 그리고 그것들을 먹어치우려는 족제비들—이 완전히 기이할 정도로 의미없는 것만 같았다.

제육시부터 예수님은 고아가 되셨다. 어머니를 다른 사람에게 부탁했기에 이제 예수님께 더 이상 어머니는 안 계신다. 그리고 아버지도 이제 예수님께는 죽은 것처럼 느껴진다. 그 어둠의 세 시간 동안 머리 속에는 아버지에 대한 고뇌로 가득했다.

"나의 하나님, 나의 하나님, 어찌하여 나를 버리셨나이까?"

십자가에 달린 예수님의 지친 몸에서 나온 다른 말들은 매우 약한 목소리였다. 그러나 이 고백은 큰 소리로 외치셨다. 가장 멀리 있는 가장 절박한 사람들, 예수님의 피와 신음소리로도 마음이 움직이지 않을 정도로 절망 가운데 있는 사람들에게 다가가야 하는 외침이었기 때문이다.

어린 시절 목사님에게 예수님의 수난에 대한 이야기를 들었을 때 "하지만 내 삶은 그날 십자가에서 일어난 일보다 더 비참한걸…" 하고 말했던 사람들.

그 어둠의 장막 안에서, 예수님은 그런 상황 속에 있는 사람들의 하나님이었다. 치명적인 고통으로 가장 슬프고 숨 막히는 사람의 그 깊은 절망의 구덩이는 어디에 있는가? 바로 여기에 있다.

그리스도께서 그 안으로 자신을 던지셨고, 하나님 아버지를 잃어버린 모든 불행한 자들과 동등하게 되셨다. 예수님이 우리 모두와 함께 자신의 죽음을 나누지 않는다면 결코 인간 가운데 오셔서 인간처럼 삶과 죽음을 경험했다고 할 수 없기 때문이다.

_루이지 산투치

*At The Cross*

9장

# 십자가 앞에 선 뜻밖의 증인
# 백부장

막 15:33-39

"이는 진실로 하나님의 아들이었도다"마 27:54. 오랜 전투 경험으로 냉철하고 단련된 직업군인의 입에서 이런 놀라운 고백이 나오도록 한 것은 과연 무엇이었을까? 우리는 그가 어떤 마음으로 그런 고백을 했는지 정확하게 알 수는 없다. 하지만 백부장의 고백은 예수님의 고난과 죽음이라는 비극 가운데 일어난 전혀 예상치 못한 선언이었다.

잠시 이 사람에 대해 생각해보자. 그는 당시에 알려진 전 세계를 누비며 많은 것들을 보고 경험했고, 분명 수많은 전투를 치른 관록의 군인이었다. 사람이 죽는다는 것과 그와 관련된 모든 것에 이미 익숙한 사람이었을 것이다. 그러나 지금 그는 백부장으로서 로마제국의 가장 외진 곳에서 빌라도 총독의 사형집행관이라는 그다지 존경받지 못하는 임무를 맡고 있다. 매일 그는 팔레스타인의 범죄자들을 가장 잔인하고 야만적인 방법으로 처형하는 명령을 수행했다. 아마도 그가 매일 사형집행을 끝내고 아내와 아이들이 있는 집으로 퇴근하면, 죽어가는 자들의 비명소리, 죄수들과 사형집행자들을 향한 군중의 야유 소리 등을 잠시 잊을 수 있었을 것이다. 물론 그렇지 않았을지도 모른다. 하지만 인간의 죽음을 대하는 그의 태도와 감각은 이미 오래전부터 무뎌져 있었을 것이다.

골고다에서 죄수가 죽는 일은 아무리 그 과정에서 병사들이 재미를 위해 독특한 방법들을 고안해낸다고 하더라도 사람을 죽이는 기본적인 과정은 매일 똑같이 반복되는 일이었을 뿐이다.

오늘도 그는 부하들을 데리고 죄수들을 마치 도살장에 소를 끌고가는 것처럼 골고다 처형장으로 끌고갔다. 오늘 백부장은 나사렛 출신 예수라는 사람의 십자가 처형을 맡았다. 그런데 갑자기 그는 이 사람의 죽음에 자신이 깊은 영향을 받고 있음을 깨달았다. 전에도 수없이 본 장면이었다. 하지만 오늘 이 사람의 죽음은 뭔가 달랐다.

그의 죽음은 백부장의 마음에 깊은 인상을 남겼고, 자신도 모르게 "이는 진실로 하나님의 아들이었도다"라는 고백이 저절로 입 밖으로 나왔다. 그것은 자신의 고백이었을까, 아니면 스스로 던진 질문이었을까? 심사숙고 끝에 내린 판단이었을까, 아니면 주위 사람들 들으라고 아무 생각없이 불쑥 내뱉은 말일까? 확실히 그의 고백은 보통의 군인들이 자신들의 대장이 한 말이라고는 쉽게 상상할 수 없는 그런 고백이었다.

또한 그의 고백에는 역설이 담겨 있다. 인간적인 관점에서 보면 예수님의 비참한 죽음은 팔레스타인 길가에 세워진 다른 수많은 십자가들의 죽음과 하등 다를 것이 없었다. 로마의 정의를 바로 세우고 범죄율을 낮추기 위한 무자비하고도 효율적인 처형 방법이었을 뿐이다. 하지만 예수님의 죽음은 십자가에 달리신 이가 하나님의 사랑과 축복을 받은 분이었다는 점에서 다른 여러 상황과는 구별되는 뚜렷한 차이가 있다. 그러나 그것을 받아들이기 위해서는 믿음이 필요하다. 당연히 하나님은 당신이 사랑하시는 자가 그런 끔찍한 죽음을 당하는 것을 허락하지 않으실 것 아닌가?

유대인들이 나무에 달려 죽은 자를 하나님의 저주를 받은 사람, 구원의 희망을 가질 수 없는 버림받은 사람으로 간주했다는 사실은 놀랍지 않다. 예수님 시대에 조금이라도 교육을 받은 사람이라면 십자가에 못박혀 죽는다는 것은 하나님께 버림받았다는 분명한 증거임을 잘 알고 있었다.

십자가에서 예수님이 남기신 가상칠언 중 하나인 "나의 하나님, 나의 하나님, 어찌하여 나를 버리셨나이까"라는 말도 언뜻 보면 그런 일반적인 믿음을 반박하는 것이 아니라 오히려 확증하는 말처럼 들린다. 앞서 보았듯이 예수님이 경험한 십자가의 어둠도 단지 십자가의 육신적 고통이나 피할 수 없는 죽음 때문만이 아니라 하나님께로부터 철저히 버림받고 단절되었다는 사실 때문이었다. 그것은 매우 강력한 상징이었다. 이러한 상황 속에서, 예수님의 입술에서 그런 고백을 들으면서 "진실로 이 사람이 하나님이 사랑하시는 독생자, 하나님이 가장 기뻐하시는 자, 하나님의 끝없는 사랑과 복과 돌보심을 받는 자"라는 결론을 내리다니 얼마나 역설적인가?

복음서는 초반부터 우리에게 그 비밀을 들여다볼 수 있게 해준다. 예수님의 삶은 그 자체가 기도 속에서 하나님과 오랜 시간 나누는 하나의 대화였다. 예수님은 언제나 아버지의 뜻대로 행하는 것이 즐거움이자 기쁨이었다. 마가복음은 예수님이 세례를 받으시던 때 하늘에서 들려오는 음성으로 시작한다. 그것은 분명 예수님에 대한 하나님의 선포였다.

마가복음 마지막에 나오는 백부장의 고백은 초반부의 선포와 신학적 수미상관을 이루면서 예수님에 대한 마가복음 기자의 평가를 분명하게 확인하고 상기시켜준다. 사랑하는 아버지로부터 처음으로 분리되고 버림받는 고통을 경험할 때 그것은 얼마나 끔찍했을까? 아마도 십자가에서 돌아가시기 전 마지막으로 외치신 그 말씀 속에 드러난 예수님의 진심어린 마음과 고통이 오랜 세월 수많은 죽음과 온갖 수모를 지켜본 백부장의 딱딱해진 마음과 영혼을 움직였는지도 모른다. '지금 십자가에 못박힌 이 사람은 하나님을 사랑하는 사람이며, 진정 사랑하는 사람만이 헤어짐으로 인해 이렇게 고통받을 수 있다.'

십자가 위의 예수님의 외침은 마치 수많은 군중 속에서 갑작스럽게 부모와 떨어진 어린 아이의 울부짖음에 비유할 수 있다. 순간적으로 사랑하는 사람을 잃어버릴지도 모른다는 두려움에서 오는 사랑의 외침이다. 그런 사랑은 정체성을 형성하게 해주며 자신의 존재와 이 세상이 거기에 달려 있다. 잠시라도 이런 사랑을 잃을 것 같은 경험을 하게 되면 아이는 두려움과 고통 속에 울게 된다. 예수님에게는 아버지와 떨어지는 분리의 경험이 가장 끔찍한 일이었다. 십자가에 못박히는 고통이나 채찍질은 그에 비하면 아무것도 아니었다.

백부장의 판단, 이 불쌍한, 지친, 더러운, 학대당한, 슬픈 얼굴을 한, 불의한 인간들에게 억울하게 당한 피해자가 하나님의 아들이라는 사실은 누구도 예상치 못했던 결론이었을 것이다. 하지만 그것은 겉으로 보이는 모든 것에도 불구하고 기독교 신앙이 내릴 수밖에 없는 결론이다. 그리고 그것은 우리로 하여금 우리가 하나님이라는 말을 듣거나 사용할 때 자신도 모르게 떠오르는 이미지들, 타성에 젖은 생각과 태도, 그리고 우리가 하나님의 일을 생각할 때 추측하게 되는 것들을 다시 한번 검토하게 만드는 결론이다.

스터더트 케네디(영국 성공회 사제, 제1차 세계대전 중 종군 사제 - 옮긴이)의 시, 〈주의 이름이여 높임을 받으소서〉에서 말하듯, 하나님에 대해 우리가 생각하는 것은 무한한 권능과 영광, 위엄과 광채, 황제나 군주 같은 권력을 가진 분이다. 이런 권력에는 연약함이나 고통 또는 거룩한 연민을 위한 자리는 없다.

그러나 백부장의 고백에는 그런 하나님에 대한 모습을

해체하는 개념의 씨가 있다. 백부장 자신도 의도하지 않았지만, 그 고백은 가장 급진적이고 예상을 뛰어넘는 논리적 결론으로 몰고간다. 하나님과 십자가, 하나님과 고난, 하나님과 굴욕감, 하나님과 슬픔 그리고 고통, 하나님과 비극. 이 모든 개념은 서로 배타적인 반대 개념이 아니다.

십자가에서 죽으신 분이 하나님의 아들일 수 있다는 가능성은 바로 하나님이 그런 경험을 감당할 수 없거나 피하는 분이 아니시기 때문이다. 예수님이 다른 누구도 아닌 바로 우리 가운데 스스로 계시는 그 임마누엘의 하나님이라는 관점에서 십자가를 바라볼 때(당연히 그래야 한다)만 우리는 가장 급진적인 결론에 도달할 수 있다. 그때 우리는 하나님이 골고다의 어둠을 이길 만큼 크신 분이라는 의미에서가 아니라 그 끔찍한 어둠에도 불구하고 골고다 언덕 그 자체가 다른 무엇보다 우리에게 하나님의 사랑과 성품을 더욱 보여준다는 것, 그리고 하나님은 예수님의 죽음이라는 고통과 연약함 가운데서 가장 온전히 계시된다는 것을 고백해야 한다.

십자가에서 일어난 일에 대해 설명하기 위해 수많은 설교와 책이 나왔다. 그러나 어떤 의미에서 십자가 이야기의 영향력은 분석하고 설명하는 데 있지 않고, 그 자체를 이야기하는 것에 있다. 우리가 백부장과 나란히 서서 십자가에서 어떤 일이 일어나는지 관찰할 때, 우리는 거기에 끌리고 감동받거나 아니면 그렇지 않을 수도 있다. 우리 자신이 신기하게도 십자가에서 일어나는 일에 끌려들어가고, 그 일이 어떤 의미에서 "우리를 위한" 것이라고 깨닫게 되거나 그렇지 않을 수도 있다.

감사와 찬양으로 이 예수라는 분의 십자가 앞에 엎드리게 되거나, 아니면 그분이 두 팔을 벌려 죽음과 지옥의 끔찍함을 끌어안으려고 하실 때 그 모습을 그저 차가운 태도와 무관심한 눈으로 지켜보기만 할 수도 있다.

---  기도와 묵상  ---

**주의 이름이여 높임을 받으소서**

만군 천사들이 당신을 예배하기 위해 모였을 때
당신은 손에 홀을 쥐고 권능의 보좌에 앉으셨나이다.
고뇌의 기도 중에 선지자는 당신을 보았고
하늘에 퍼진 음악 속에 폭포수 소리가 차오르는 동안
마치 천둥소리처럼 온전한 찬양의 외침이 들렸나이다.
거룩거룩 거룩하신 아버지, 세월의 주관자시여
주의 나라, 주의 영광, 주의 빛
주의 지혜, 주의 영광, 승리의 면류관.

선지자가 당신을 본 것처럼, 그 예술가도 당신을 보았나이다.
자신이 본 환상을 황금과 파랑, 신비의 색으로 펼쳐 보였나이다.
그러나 나는 슬픔과 경이로움 속에서 하나님,
나의 하나님, 아무것도 볼 수 없습니다.
깊디 깊은 이 어둠, 모든 세상이 내겐 암흑 속에 있습니다.

당신의 권능, 당신은 영광, 당신의 승리
당신의 지혜, 당신의 영광, 당신의 빛은
어디에 있나이까?

하나님, 저는 이 빛나는 화려함을 증오합니다.
그 화려함은 모두 거짓입니다.
화려한 바보는 화려한 어리석음,
생겼다가 곧 사라질 화려한 신기루를 봅니다.
고통스런 갈증에 상상 속의 물처럼
배고픈 육체에 만찬이 베풀어지는 환상처럼
고통받는 병사에게 마취제에 대한 생각처럼
고문받고 찢기는 그의 몸은 비틀리고 몸부림칩니다.
하여 이 빛나는 거짓 환상은 의심하는 내 마음속에서 요동칩니다.
마치 찢기고 곪은 상처 안의 녹슨 칼조각처럼.
설교자들은 내게 그것을 위로라고 건네지만
나는 그들의 면전에서 그들을 저주합니다.

밴댕이 소갈딱지들이 성직자랍시고

내게 은혜와 권능을 주절거립니다.

작은 새들을 셀 수 있는 무한한 지혜와 권능에 대한 수다

구역질 나게 만드는 수다스러움 속에 든 감정의 독이 든 설탕

모든 의심과 두려움을 초월하는 진부한 경건함

그들은 우리의 눈물을 씻어줄 하나님 은혜에 대해

속사포처럼 재잘거릴 것입니다.

그들의 모든 말은 흐느낌 속에 파묻히고,

나는 거대한 세상이 신음하는 소리를 듣습니다.

세상의 수많은 어머니들이 홀로 앉아 슬피 우는 모습을 보면서

수많은 상한 몸들이 독일 철조망 위에서 여전히 떨고 있는 동안

많은 영국 여자들은 불 속에서 잊을 수 없는 장면을

 연출하고 있습니다.


이 땅위의 강간, 살인을 내려다보면서,

어린 아이들의 신음소리를 듣고 있는

저 하늘의 보좌에 앉은 권능의 하나님을 증오합니다.
천군천사들이 왕 중의 왕이라 당신을 찬양해도
나는 그렇게 할 수 없습니다.
울부짖음 말고는 내 슬픔의 침묵을 깨뜨릴 수 있는 것은
아무것도 없습니다.
"당신은 거대한 무쇠 지팡이로 세상의 죄인들을 다스리십니까?
하나님, 당신이 지은 죄를 지은 죄인이 있었습니까?
세상 어디에 훈족이 단지 재미로 어린 아기의 창자를
단검으로 찌르는 것을 그냥 지켜보는 비겁자가 있었습니까?
하늘의 가장 높으신 하나님 그리고 그 모든 깊음들이여
찬양할지어다.
그의 모든 역사는 잔인하고 모든 방식은 야수와 같은 이에게."

내가 예배하고 사랑하는 하나님,
하나님은 나무 위의 슬픔을 다스리십니다.
바로 그 나의 하나님이 내게 그러하신 것처럼.

깨어지고 피흘리지만 정복당하지 않은.


그 모든 빛나는 화려한 장관, 천사 날개의 반짝임은
지상의 왕들을 둘러싸고 있는 싸구려 것들에서 빌려온 것일 뿐
우리의 생각은 약하고 말은 더 연약합니다.
그리고 그가 본 환상은 모든 설교자들을 침묵으로 내려치고
그들을 겸손히 무릎 꿇게 합니다.
그러나 당신이 선포한 그 말씀은
왕들의 보좌에서 빌려온 것이 아닙니다.
당신의 목소리를 왕들의 궁궐에서 빌려오는 것은 헛된 것입니다.
헛간의 말구유에서, 정직한 목수의 허름한 집에서
가난한 농부의 집에서, 그리고 그들의 단순한 삶에서
소외당한 사람들의 삶에서, 이 땅의 부랑자들 속에서
그분이 소중히 여기고 값을 매길 수 없는 것으로
선포한 흔한 것들에서
그리고 무엇보다 그분의 잔인한 죽음과 공포 속에서

당신은 우리에게 십자가에 달린 범죄자에게서

당신의 영광을 구하게 하셨습니다.

그리고 우리는 그것을 찾았습니다.

당신의 영광은 사랑이 잃어버린 영광이기에.

그리고 당신은 십자가의 화려함 말고는

다른 어떤 화려함도 없습니다.

그리스도 안에서 나는 순교자들과 그들이 겪은

고통의 아름다움을 보기 때문입니다.

그리고 그분 안에서 나는 죽은 자들이 다시 살아날 것이라는

약속을 받습니다.

높임을 받으소서, 영원한 갈보리 십자가 위의 당신을 봅니다.

그리고 십자가의 못박힌 양손은

동과 서, 땅과 바다를 아우릅니다.

나는 무릎 꿇고 엎드려 하늘에서 빛나는

위대한 십자가를 경배합니다.

하늘에 계신 참되신 하나님은 권능 자체가 아니라
사랑의 권능이기 때문입니다.

_스터더트 케네디

―――――――――――― 기도 ――――――――――――

주 예수여,

당신께서

불의하고

타락하고

경멸받고

고난받고

죽어가는

희생자들과 함께하신 것처럼

우리가 어둠 속에 있을 때

우리와 함께하시는 당신의 임재를

깨닫는 소망과,

다른 이들의 어둠을 함께 나누고 견딜 수 있기까지

당신을 따를 수 있는 힘을

우리에게 허락하소서. 아멘.

*At The Cross*

# 10장

# 하나님 나라를 바라본 니고데모

요 3:1-10; 19:19-22; 19:38-42

십자가 처형은 범죄 억제를 위한 수단이었다. 처형 방식의 잔혹함, 끔찍함, 공개적 수모, 고통과 공포는 그것을 목격한 사람들이 십자가에 매달린 사람들이 저지른 것과 같은 죄를 지을 생각도 못하게 만들었다. 따라서 로마에서는 종종 십자가에 그 사람이 저지른 죄명을 적어 함께 매달았다. 어떤 죄를 지었는지 공개적으로 알려서 다른 사람들이 그런 동일한 죄를 저지르지 않게 했다. 그것이 바로 빌라도가 예수님의 재판에서 십자가 위에 "유대인의 왕"이라는 명패를 매달게 한 이유다.

예수님의 죄는 자신이 유대인의 왕이라고 주장한 것이

다. 빌라도가 예수님을 심문했을 때도 그렇게 고백하셨다. 물론 빌라도는 진지하게 받아들이지 않았다. 로마의 팔레스타인 통치에 있어서 예수님이 심각한 정치적 위협이 된다고 판단하지 않았기에 예수님을 그냥 풀어주려고 했다. 그러나 이번에는 유대인 대제사장들이 굽히지 않았다. 분명히 그들은 누구든지 자신을 왕이라고 주장하는 사람은 그 사실 자체만으로 로마 황제의 원수가 된다고 지적했다.

유대인의 왕이라고 자칭하는 사람을 용인하는 것으로 비치는 행동은 빌라도에게 정치적으로 큰 부담이었다. 결국 교활한 정치꾼이었던 대제사장들은 로마 총독의 판결에 승복하지 않고 자신들이 원하는 것을 얻게 된다. 그렇다고 자신의 이익만 생각하는 정치인이었던 빌라도가 이 문제 자체에 특별히 관심을 가졌던 것은 아니다. 빌라도는 다만 자신이 유대인 지도자들에게 전략적으로 이용당하고 싶지 않았을 뿐이다.

결국 십자가에 못박히신 예수님의 머리 위에는 글을 읽을 줄 아는 사람이라면 누구나 이해할 수 있도록 세 가지 언어로 쓰여진 명패가 달리게 된다. 대제사장들은 좀 더 자세하게 표기하길 원했다. 그들은 그것이 단지 예수님의 주장일 뿐임을 확실하게 명기하도록 빌라도에게 부탁했다.

대제사장들이 보기에 당연히 예수님은 유대인의 왕이 아니었다. 그러나 빌라도는 자신이 경멸하는 이스라엘과 유대인 지도자들 모두에게 조롱 섞인 농담으로 복수하고 있었다. "유대인의 왕 나사렛 사람 예수!" 십자가에 달려 죽은 불쌍한 실패자가 유대인들에게 걸맞은 왕이라는 뜻이었다. 그래서 빌라도는 대사장들의 요구를 무시하고 명패의 표기를 고치지 말라고 했다.

하나님의 기이한 섭리, 로마의 사법 관행, 그리고 대제사장들과 로마 총독 사이의 사소한 정치적 긴장 관계의 결과로 예수님은 결국 유대인의 왕이라고 적힌 명패 아래에서 죽으셨다. 명패에 새겨진 문자는 이스라엘의 왕이라는 의미에 걸맞게 히브리어뿐만 아니라 당시 국제어였던 헬라어, 그리고 전 세계를 제패한 로마의 언어인 라틴어로 기록되었기 때문에 글을 읽을 줄 아는 모든 사람들이 이해할 수 있었다.

예수님이 왕이라는 선포는 단지 이스라엘에 대한 통치만이 아니라 온 세상을 다스리는 것을 의미하기에 당시 로마의 세계 통치에 정면으로 도전하는 것이었다. 즉 예수님은 하나님이 기름 부으신 이스라엘의 왕, 이스라엘 백성이 기대하듯이 온 세상에 하나님의 통치를 구현할 만백성의 왕이시다. 그 통치는 진정 신적이며 따라서 로마의 우상숭배에 대항하는 것이었다. 그러나 유대인 지도자들에게 버림받고, 로마에 의해 십자가에 못박히신 예수님은 겉으로 보면 그런 메시아 왕이 되는 데 성공하지 못했다. 그러나 빌라도와 대제사장들이 그런 예수님의 실패를 드러내고 조롱했던 바로 그 시점에 예수님은 말하자면 진정 온 세상의 왕으로 선포되었던 것이다.

예수님이 십자가에서 죽으신 장면을 본 사람이라면 그런 주장을 진지하게 받아들일 수 있을까? 당연히 불가능할 것이다. 그렇다면 빌라도와 대제사장들이 속한 정치권력 안에서 오늘날 정치인들처럼 공모하고, 술책을 꾸미고, 서로 의존하면서도 경계하고 증오하는 그런 현실정치에 찌든 사람이라면 예수님이 그렇게 십자가에 달려 죽으신 것을 보고나서도 예수님의 주장을 진지하게 받아들일 수 있었을까? 불가능할 것이다.

그러나 그런 일이 바로 그런 계급에 속해 있던 누군가에게 일어났다. 빌라도가 아리마대 요셉에게 장사하기 위해 예수님의 시체를 가져가는 것을 허락했을 때, 니고데모라는 사람도 그 일에 관여했다. 예수님의 장례가 왕에 걸맞은 장례가 되도록 준비한 사람은 바로 니고데모였다. 니고데모는 매우 값비싼 향료를 백 근이나 가져왔다. 값으로 보나 양으로 보나 엄청난 것이었다.

니고데모가 아무에게도 들키지 않으려고 몰래 그곳에 간 것으로 상상해서는 안 된다. 그 향료를 운반하는 데만도 많은 하인들이 줄을 지어 날라야 했기 때문이다. 니고데모의 행동은 로마 지배에 대한 반역죄로, 처형당한 사람에 대해 공개적으로 존경을 표하는 행동이었다. 그러나 당시 문화적 관습에 따르면 장사 지내는 데 백 근이나 되는 향료가 필요한 사람이라면 분명 최소한 왕이었다.

니고데모는 지금 매우 공개적으로 용기 있게 그 십자가의 팻말이 사실임을 보여주고 있다. 예수님은 왕이셨다. 그리고 심지어 죽은 왕은, 죽은 상태로는 로마인이나 대제사장들에게 그다지 위협적 존재가 아니었지만, 어쨌든 니고데모는 예수님을 진정한 왕으로 대우하면서 자신을 위험에 노출시키고 있었다.

니고데모의 높은 사회적 지위 때문이었다. 예수님의 제자들은 대부분 사회적 계급도 낮고 아무 권력도 영향력도 없는 사람들이었다. 하지만 니고데모는 달랐다. 니고데모는 예루살렘에서 가장 유명한 가문의 부유한 귀족 출신이었다. 사회 상류층에 속했다. 니고데모 가문 사람들은 중요한 정치적 인물들이었고 일부는 유대인 역사에 기록되기도 했다.

그들은 엄청난 재산 그리고 바리새인들의 후원자로서 유대인 전통에서 기억되고 있다. 예루살렘에 궁전 같은 집이 있었고, 따뜻한 여리고 지역에 겨울 별장이 있었으며, 유대 지방 전역에 어마어마한 땅을 소유하고 있었다. 니고데모 가문은 로마의 감독 아래 유대 지역에서 일어나는 대부분의 일에 자치권을 행사한 유대인 귀족 통치 계급에 속했다. 그러나 니고데모 집안은 사두개파가 아닌 바리새파였기 때문에 권력의 중심에 있지는 않았다.

대제사장과 대부분의 지배 세력은 사두개파였다. 다만 그렇다고 무시하기에는 니고데모가 매우 중요한 부유한 가문에 속했기 때문에, 사두개파 대제사장들과 일종의 불편한 연합 관계 안에 있는 소수 그룹을 형성해 권력층 안으로 들어왔다. 권력의 중심에 속한 것은 아니었지만 가까이에서 니고데모는 분명 상당한 권력과 영향력을 가진 사람이었다. 따라서 니고데모는 예수님을 정치적 위협으로 본 유대인 지도자들과 어떻게 보면 이해관계가 일치하는 편에 서 있었다.

니고데모는 부유한 귀족이었다. 그러면서 또한 바리새인

중의 바리새인이자 학식 많은 랍비였다. 니고데모가 맨 처음 예수님을 만났을 때는 바로 그런 위치에서였다.

예수님이 처음 예루살렘을 방문했을 때, 어느날 저녁 니고데모는 자신의 제자들과 함께 예수님을 찾아와 매우 진지한 종교적 토론을 나눴다. 한 사람의 랍비로서 또 다른 랍비를 찾아온 것이었지만, 니고데모는 벌써 예수님이 평범한 랍비 그 이상의 분이라는 것을 알았고 이미 예수님의 존재가 정치적 문제로 발전할 것을 직감했다. 여기서 우리가 기억해야 할 것은 1세기 유대인, 아니 1세기 로마인이든 아니면 다른 지역 어디에서든 당시 사람들은 정치와 종교를 분리해서 생각할 수 없었다는 사실이다.

예수님이 맨 처음 니고데모에게 하나님 나라에 대해 언급하셨을 때, 예수님은 유대교의 정치 문제를 제기하신 것이고, 세상과 하나님 백성에 대한 하나님의 통치 문제, 그리고 실제로는 이스라엘의 하나님 대신 로마가 통치하고 로마 황제가 스스로 신성을 주장하는 당시 상황에서 하나님의 통치가 과연 정치적 관점에서 무엇을 의미하는지 질문하신 것이다. 예수님이 하나님 나라를 언급하실 때마다 듣는 모든 사람들에게 그런 일이 일어났겠지만, 예수님이 유일하게 유대인 지배계급에 속한 사람과 친밀한 대화를 나누는 이 장면은 특별한 울림이 있다. 니고데모는 로마에 협력하고 그 대가로 로마의 재가와 지원 아래 권력을 누리는 유대인 지배계급에 속했다. 대다수 좀 더 급진적인 유대인들의 눈에 그들이 이스라엘 민족과 하나님을 배신한 사람들로 비춰지는 것도 당연했다.

유대 종교 문제의 핵심에 있는 이런 정치적 문제가 니고데모의 관심사였음을 우리는 알 수 있다. 니고데모는 신실한 사람이었다. 대제사장들과는 달리 니고데모는 자신의 정치적 목적과 유익을 위해 종교를 이용하지 않았다. 지배계급에 속했고, 로마 통치에 협력한 권력층 안에 있었지만 니고데모는 그런 상황이 별로 달갑지 않았다. 니고데모는 대제사장들과 총독 사이에서 일어나는 냉소적이고 이기적인 정치를 너무나 잘 알았고 그에 대한 근본적인 대안을 찾고 있었다.

예수님을 죽음으로 몰고간 과정에서 우리가 목격한 권력정치에 니고데모는 이미 신물이 나 있었다. 그는 하나님 나라, 즉 그가 매일 공부한 히브리 성경에서 묘사된 이스라엘 하나님의 통치에 더 가까운 무엇인가를 추구했다. 니고데모가 마지막으로 십자가에 달려 죽으신 예수님을 하나님의 진정한 왕으로 경의를 표한 것은 그가 예수님 안에서 그가 찾던 바로 그 급진적 대안을 찾았음을 의미했다.

다만 그것이 얼마나 급진적인 대안이었는가에 대해서는, 비록 처음에는 이해하기 어려웠지만 니고데모는 예수님이 그에게 맨 처음 하신 말씀에서 보기 시작할 수 있었다. "사람이 (위로부터) 거듭나지 아니하면 하나님의 나라를 볼 수 없느니라"요 3:3. 예수님은 갑자기 곧바로 니고데모를 문제의 핵심으로 데려간다. "사람이 (위로부터) 거듭나지 아니하면(즉 다시 태어나지 아니하면) 하나님의 나라를 볼 수 없느니라." 우리는 니고데모가 유대인 태생이며 귀족 출신임을 기억해야 한다. 니고데모가 유대인 지배계급에 속해 누리는 사회적 지위는 그가 그렇게 태어났기 때문에 누릴 수 있는 것이다. 그런데 지금 예수님은 하나님의 나라에서는 그것이 아무 소용이 없다고 말씀하고 계신다.

니고데모가 잘 알고 있던 권력 정치에 대한 예수님의 급진적 대안은 단지 작금의 정치를 재편성하는 정도가 아니었다. 그것은 전혀 다른 것이기에, 거기에 참여하기 위해서는 새롭게 태어나는 일이 필요했다. 하나님 나라는 하늘에 계신 하나님에게서 오기 때문에, 거듭남 또한 위로부터의 거듭남이다.

나중에 예수님은 로마 총독과의 극적인 대립 상황에서

말씀하셨다. "내 나라는 이 세상에 속한 것이 아니니라. 만일 내 나라가 이 세상에 속한 것이었더라면 내 종들이 싸워 나로 유대인들에게 넘겨지지 않게 하였으리라"요 18:36. 예수님의 통치는 이 세상으로부터 오는 것이 아니다. 그것은 위로부터, 하나님에게서 온다. 예수님의 다스림이 세상적인 정치와는 전혀 무관한 순전히 초자연적 영역에만 해당한다는 의미가 아니다. 빌라도와 가야바의 정치 문제와 전혀 상관없는 안전한 영적 대안이 아니다. 바로 그것이 빌라도가 저지른 큰 실수다. 빌라도는 오직 군사력이 가장 중요하다고 생각했고 냉소적인 로마의 관점으로 유대 정치를 바라보았기 때문이다.

물리적 군사력이 곧 왕권을 보장하는 세상에서 예수님은 자신이 통치하는 나라는 물리적 힘에 의한 것이 아니라고 주장하셨고, 빌라도는 그런 예수님을 아무런 위협도 줄 수 없는 터무니없는 이상주의자로 여겼을 것이다. 군사력이 뒷받침하지 않는데 어떤 통치가 가능할까? 그런데 오히려 만일 우리가 하나님의 통치를 오직 초월적인 세상, 순전히 영적이고 종교적인 영역, 비정치적인 문제에만 해당한다고 생각한다면 그 또한 빌라도와 동일한 실수를 저지르고 있는 셈이며 예수님의 말씀이 지닌 급진적인 힘을 놓치게 된다. 예수님은 하나님의 나라가 '이 세상 안에' 있지 않다고 말씀하신 것이 아니라 '이 세상으로부터' 오지 않는다고 말씀하셨다. 하나님 나라의 가치와 방식은 빌라도의 통치 방식과 완전히 다르다. 그것은 하나님께로부터 오는 것이기 때문이다.

하나님의 다스림은 로마제국의 통치 방식에 정면으로 도전하며 영향을 준다. 완전히 다른 경기를 전혀 다른 규칙에 따라 진행하는 것과 같기 때문이다. 하나님의 통치는 니고데모가 너무나 잘 알고 있는 로마와 유대인 대제사장, 그리고 그들의 권력 정치에 위협이 될 수밖에 없었다. 자신들의 가치와 방식을 뿌리부터 뒤흔드는 것이기에 바라바나 반체제적인 유대 혁명가들보다 훨씬 더 큰 위험이었다.

십자가 사건 이전에 니고데모가 얼마나 그런 사실을 파악하고 있었는지에 대해서는 알려진 바가 없다. 그러나 예수님이 십자가에서 죽으신 과정을 지켜보면서 니고데모는 마침내 예수님이 진정으로 하나님의 다스림을 대표한다는 사실을 확신하게 된 것 같다. 니고데모는 유대인 지배계급에 속했고 예루살렘 정치권력 내부에 있었기 때문에 아마도 다른 제자들보다 먼저 깨달았을 것이다. 하나님 백성과 하나님 나라를 다스리는 데 있어 빌라도나 가야바의 방식과는 전혀 다른 하나님의 급진적 대안이 바로 예수님이라는 사실을 말이다. 예수님이 재판을 받는 과정에서 니고데모가 본 것은 무엇인가? 빌라도의 냉소적인 현실정치, 유대인 대제사장들의 영악한 사익 추구. 그리고 그 둘의 공모로 일어난 충격적인 결말. 빌라도는 조롱하는 투로 묻는다. "내가 너희 왕을 십자가에 못박으랴!" 이에 대제사장들이 대답한다. "가이사 외에는 우리에게 왕이 없나이다!"

자신들의 권력을 유지하기 위해 예수님을 제거하면서 대제사장들은 로마의 절대 권력을 인정한다. 유대교적 관점에서 보면 하나님을 버린 것이다. 니고데모 같은 양심적인 랍비들에게 "가이사 외에는 우리에게 왕이 없나이다!"와 같은 말은 이스라엘의 하나님에 대한 배교 행위였다. 그것은 하나님의 통치를 부인하고 로마의 통치가 유일한 신적 권위를 가진다는 주장을 인정하는 것이었다. 이것이 바로 자신들의 이익만 추구하는 대제사장들의 정치적 타협이 마침내 다다른 결말이었다. 니고데모는 더 이상 거기에 동참할 수 없었다. 그렇다면 그는 어디에서 하나님의 통치를 볼 수 있었을까?

빌라도와 대제사장들이 공모해 제거하려던 대안 이외에 다른 어디에 하나님의 다스림이 있겠는가? 빌라도와 대제사장들 양쪽 모두 이스라엘의 왕으로 절대 인정할 수 없었던 바로 그분이 바로 진정한 이스라엘의 왕이셨던 것이다. 빌라도와 대제사장들과는 분명히 다른 그분이야말로 하나님께로부터 온 왕이시다. 예수님은 우리가 위로부터 거듭나서 섬겨야 할 왕이시다. 빌라도와 가야바의 통치 개념과는 정반대로 하나님의 통치는 바로 십자가에 달리신 그분이 왕이라는 것, 그분의 십자가가 바로 하나님 나라의 도래임을 의미한다.

그러므로 빌라도와 대제사장들에게는 십자가 자체가 예수님이 왕이라는 주장을 반박한다. 만약 반박이 필요했다면 말이다. 그러나 니고데모가 보기에 십자가는 자신들이 신적 통치를 대표한다는 빌라도와 대제사장들 각각의 주장을 반박한다. 이같이 근본적으로 양극화된 두 선택지 사이에서 니고데모는 더 이상 정치적 타협을 할 수 없었다. 그는 배수진을 치고 예수님께 모든 것을 걸었다. 니고데모는 공개적으로 예수님을 왕으로 예우한다. 니고데모의 행보는 총독과 대제사장 사이를 묶어주던 권력 구도에서 완전히 벗어나는 것이었다.

니고데모는 하나님의 통치가 드러난다는 것, 그리고 심지어 멸시당하고 고통받는 예수님 안에서 그것이 구현된다는 것이 어떤 의미인지를 수용한다. 그는 권력과 지위에 관한, 그리고 현실 세계의 진정한 목적과 수단에 대한 기존의 통념들을 뒤집어 하나님 나라를 구현하는 일에 헌신한다. 사실 빌라도와 대제사장들이 생각하는 것처럼 최종 결정권이 그들에게 있는 것이 아니다. 그들이 서로 다투는 사소한 차원을 뛰어넘어 실제로 그들이 알지 못하는 비장의 카드는 하나님께 있다. 니고데모가 예수님이 십자가에 달리시는 모습을 보았을 때, 그리고 그 십자가에 달린 예수님이 하나님 대신 다스리시는 진정한 왕임을 깨달았을 때, 그때 우리는 말할 수 있지 않을까? 니고데모는 진정 위로부터 성령으로 거듭났다고. 예수님이 니고데모에게 말씀하신 것처럼 말이다.

"사람이 거듭나지 아니하면 하나님의 나라를 볼 수 없느니라" 요 3:3.

---- 기도와 묵상 ----

주 예수님

십자가에도 불구하고가 아닌

바로 십자가 때문에

니고데모처럼 우리는 당신을

모든 것의 통치자로 인정합니다.

당신의 연약함 속에서 권능을 보고

굴욕 속에서 영광을

자신을 드리는 섬김에서 주권을

당신의 죽음에서 승리를 봅니다.

이 세상에서 하나님을 대적하는 세력들이

겉보기에 세상을 주도하고 있는 것처럼 보이는

생명을 부패하게 하고, 피조물을 파괴하는 세력이

엄청나게 보이는

악한 환상에 사로잡히지 않게 하시고

그것들에 저항하게 하소서.

권력과 영향력이라는 유혹에서

그것들을 자기계발과 개인적 목표라는
우상을 섬기는 데 사용하는 것
사람을 목적이 아니라 수단으로 대하는 것
우리의 목적을 위해서 타인을 무시하는 것에서
우리를 지켜주시고
진리와 사랑의 능력을 깨닫게 하사
당신을 온전히 주님으로 인정하게 하소서.
당신의 나라가 임하소서.

―――――――― 사탄의 유혹 ――――――――

나사렛 출신의 그 남자가 다시 한번 더 자신의 왕국으로 다가올 때 그는 커다란 검은 바위 뒤에 서서 지켜보았다. 그는 그 사람이 그냥 지나가게 했다. 그러고 나서 숨어 있던 곳에서 기어나와 그를 쫓아가 불렀다. "내가 여기 있다. 예수, 바로 네 뒤에!" 그의 목소리는 황야에 울려 퍼졌고 적막함은 더해졌다. "다시 오다니, 마음이 바뀐 건가? 내 제안과 계획을 받아들일 준비가 되었는가?"

그는 마치 당장이라도 덮치려는 듯 예수의 주위를 빙빙 돌았다. "너와 나는 훌륭한 팀이 될 수 있다! 네가 이렇게 짧은 시간에 성취한 이 모든 것들을 보라! 단기간에 너처럼 이렇게 순식간에 성공했다가 엄청나게 실패한 경험을 한 사람은 거의 없다. 하지만 너는 대단했다. 예수, 너에겐 엄청난 잠재력이 있다. 만약 네가 처음부터 내 충고를 따랐다면 일이 이렇게 되지는 않았을 거다. 하지만 아직 늦지 않았다!"

빙빙 도는 속도가 점점 빨라지기 시작했다. "우리는 다시 시작할 수 있다. 이번에는 좀 더 제대로 사람들에게 감동을 주도록 노력해봐라. 그리고 가능한 공개적인 장소에서, 장터처럼 많은 사람들이 주목할 수 있는 곳에서 기적을 보여주어라. 너는 항상 사람들이 많지 않은 골목이나 어두운 구석에서 그런 기적을 행했다. 눈먼 사람들과 절름발이들을 밝은 조명에서 멀리 떨어진 곳, 마치 건물 구석 같은 곳에서 그들을 치료해주었다. 하지만 그것으로는 부족하다. 화려하고 요란한 활동! 우리에게 필요한 건 바로 그거다.

이제 그는 빠르고 열정적인 춤을 추고 있다. "내가 너의 감독이 되게 해주면 나는 너를 스타로 만들어줄 것이다. 예수! 이제 그들이 너를 '하나님의 아들'이라고 부를 것이다. 알았는가? 네가 한 일이 잘못이 아니라, 문제는 그 일을 하는 방법이다."

갑자기 그는 속도를 늦추었다. 음흉하고 조심스럽게 주변을 돌기 시작했다. "나는 네가 물 위를 걷고 폭풍을 잔잔케 했다는 것을 들었다. 그런데 나는 아무것도 보지 못했다. 나는 그곳에 있었지만, 그런데 나는 아무것도 보지 못했다. 내게는 갈릴리 호수 주변에 살고 있는 친구들이 많다. 그런데 그들은 아무것도 보거나 듣지 못했다. 그들 중 어떤 이들이 그 시간에 배를 타고 호수에 있었는데, 파도 위에서 걷는 너의 발소리를 듣지 못했다. 그리고 네가 폭풍을 멈추는 것도 보지 못했다. 그들 중 둘은 물에 빠졌다. 나는 그들을 잘 알았다. 왜 너는 그들을 구하지 않았는가? 예수? 그들이 호수의 다른 쪽에 있었나? 구원받기 위해서는 호수의 바른 쪽에 있어야 했나? 그런 것인가? 나머지는 마귀에게나 가라는 말인가?" 그는 웃었다.

"지금 만약 너와 내가 협력하기만 한다면, 우리는 모든 사람을 구원할 수도 있다. 당연하지. '모두를 위한 구원!' 이것이 우리의 표어가 될 거다. 그리고 사람들은 원하든 원하지 않든 구원받을 수 있다. 결국 구원은 구원일 뿐, 그것을 어떻게 얻느냐는 신경 쓸 필요가 없는 문제다."

마침내 그는 말을 멈추고 대답을 기다렸다.

"너와 너의 친구들은 듣는 것을 힘들어하는구나." 예수는 말했다. "네 주변의 것들에 대해 눈이 멀었고 모든 감정이 메말랐다. 너는 전혀 아무것도 느끼지 못했는가? 네가 그 거센 파도가 몰아치는 어두운 물결 속에 누워 있을 때 너는 아무것도 느끼지 못했는가? 내가 너의 등을 밟고 올라갔을 때, 내가 손가락으로 너의 엄청난 혼돈을 건드렸을 때, 그리고 너를 축복하려고 내 손을 들어올렸을 때? 너는 징을 박은 구두로 걸어차이길 기대했지만, 사탄아, 그것은 내 방법이 아니다. 나는 부드럽고 조용히 일한다. 너는 온유함의 의미를 모른다. 그래도 나는 네가 한 발자국이라도 느끼기를 소망했고, 나의 고요함을 느끼기를 바랐다. 나는 너의 친구들이 겉모습 이면의 것들을 보기 원했다. 너의 파괴성 이면에 숨어 있는 내 창조의 힘을 느끼기를 원했다. 언젠가 너희들은 그것을 발견할 것이다. 사탄, 믿지 않겠지만 나의 온유함은 너의 폭력성보다 더 강하고 나의 겸손은 너의 교만보다 더 오래 견뎌낸다. 그리고 나의 웃음과 나의 사랑은 너의 조소와 비아냥과는 비교할 수 없는 깊이가 있다."

"그렇다면, 이리로 와라!" 사탄은 매정하게 말했다. 그리고 그는 마치 예수님을 잡으려는 듯이 앞으로 나왔다. "자, 내가 너를 높은 산꼭대기에 데려가서 너에게 이 세상의 왕국과 영광을 보여주겠다."

그들은 돌아서서 그들이 가장 높은 곳에 이를 때까지 함께 올라갔다. 온 세상이 그들의 발아래 있었다.

"자, 봐라" 사탄은 바람소리에 맞서 큰 소리로 말했다. "잘 봐라. 이 보잘것없는 세상의 조그만 나라들! 네가 내게 협력해주기만 했다면 너는 저 모든 것을 다 가질 수 있었다. 그러나 지금 그들은 내 것이다. 서로 헐뜯으며 세상을 망가뜨리고 있는 저들을 봐라. 너도 들었겠지.

"저를 천사보다 조금 못하게 하시고 영화와 존귀로 관을 씌우셨나이다."

"하지만 나는 네게 이렇게 말하겠다. '나는 그를 악마보다 조금 더 높게 만들었다. 그리고 그를 욕망과 탐욕으로 묶어 맸다!'"

"나는 네가 소중하게 여기는 인간을 너의 모든 피조물 중 가장 침략적이고 파괴적으로 만들었다. 땅속에 사는 벌레들과 난초들은 아직 내 것이 아닐지도 몰라. 영양과 굴뚝새도 그렇지.

그러나 최소한 인간은 내 것이다. 인간은 이제 너의 것이 아니다. 예수! 너는 졌다. 졌다고!" 그 소름 끼치는 춤은 다시 시작되었다. 그리고 예수는 이번에는 춤이 끝날 때까지 기다리지 않았다.

"너는 단지 어둠을 보고 있을 뿐이다." 예수는 외쳤다. "너는 어둠 속에서 아무것도 볼 수 없다. 너는 단지 어둠 그 자체만을 볼 뿐이다. 그리고 다른 이에게도 똑같이 그렇게 하도록 가르치고 있고."

"그리고 너는 단지 석양, 나팔수선화, 그리고 나비를 볼 뿐이다." 사탄은 바위에 침을 뱉으며 소리를 질렀다.

"만약 내가 그것들만 본다 하더라도, 그래도 나는 너보다 더 많은 것을 보는 셈이다. 사탄아, 그러나 나는 그렇지 않다. 나도 역시 어둠을 본다."

"그러나 너는 내가 알고 있는 것처럼 어둠을 알지 못한다. 너는 그것을 있는 그대로 볼 수 없다."

예수는 자신의 손과 발에 있는 흉터를 보여주었다. "사탄, 너는 이것들을 알아보겠는가? 네가 내게 한 자국들이다. 그래, 나는 너의 어둠을 안다. 나는 이미 경험했다. 그러나 너는 눈이 너무 멀어 나를 알아보지 못했다. 사탄, 이제 나는 어둠에서 빛 가운데로 나왔다. 내가 창조한 빛으로, 바로 나 자신인 그 빛으로. 처음부터 너는 나를 막을 수 없었고 지금도 역시 마찬가지다. 나는 죽음에서 다시 부활했다, 사탄! 그리고 모든 곳에 부활이 있을 것이다. 너는 곧 사라지게 될 것이고, 그날에 너의 이 황무지는 다시 하나님의 동산으로 바뀔 것이다."

사탄은 바람소리 때문에 더 이상 예수의 말을 알아들을 수 없었다. 그리고 예수가 하찮은 세상의 사소한 왕국들을 향하여 그 산에서 내려갈 때, 사탄은 산꼭대기를 뒤덮은 안개 때문에 예수의 모습을 볼 수 없었다. 산 정상에 혼자 남은 사탄은 죽음의 춤에 스스로 취해 몸을 흔들고 뛰어오르면서 아무도 없는 그곳을 혼자서 끝없이 빙빙 돌았다.

_트레버 데니스

### 11장

# 진리에 대한 증인
# 예수님이 사랑하신 제자

슥 12:10; 13:1, 요 13:21-26; 19:23-27

우리는 예리한 지각력을 가진 제자, 베다니 마리아에 대한 묵상으로 이 책을 시작했다. 예수님을 사랑했기에 마리아는 예수님이 기꺼이 죽음을 받아들이고자 하신 것을 직감할 수 있었고, 예수님이 죽으셔야 한다는 사실을 알았으며, 그 상황에서 제자들 가운데 유일하게 예수님처럼 그분의 죽음을 받아들일 수 있었다.

우리는 마지막으로 마리아처럼 예리한 통찰력을 지닌 또 한 명의 제자, 예수님과 특별히 가까웠기에 다른 제자들보다 예수님의 죽음이 가진 의미에 대해 더 온전히 이해할 수 있었던 제자에 대해 묵상하며 이 책을 마치려고 한다. 마리아가 예수님께 향유를 부었을 때, 마리아는 예수님의 죽음을 받아들이기는 했지만 아마도 그 이유에 대해서는 깨닫지 못했을 수도 있다. 우리가 지금 만나려는 제자는 십자가 사건을 목격한 직후 곧바로가 아니라 오랜 시간 묵상을 거친 후 우리에게 십자가에 대한 깊은 이해와 의미를 전한다.

요한복음은 그의 이름을 밝히고 있지 않기 때문에 우리는 그를 예수님이 사랑하신 제자 또는 사랑받은 제자로 칭할 것이다. 요한복음은 단지 그를 "예수께서 사랑하시는 그 제자"로만 기록하고 있다. 그의 이름은 아마 요한이었을 것이다. 당시 가장 흔했던 유대인 남자의 이름이었고 또 그 때문에 이후 교회 전통에서는 그를 예수님의 열두 제자 중 하나였던 어부, 세베대의 아들 요한과 혼동하기도 했다. 교회 전통은 때때로 사복음서 자체 내에서는 완전히 구별되는 제자들을 혼동하거나 동일시하기도 했다. 예를 들어 베다니의 마리아와 막달라 마리아는 서로 동일시되고 복합되어 새로운 인물이 만들어지기도 했다.

이 책에서는 두 마리아를 개별 인물로 다루었다. 사복음서에서 그들을 다른 인물로 기록하고 있기 때문이다. 마찬가지로 우리는 "예수께서 사랑하시는 그 제자"를 세베대의 아들 요한과 혼동하지 말고 다루어야 한다. 요한복음의 기록대로 그를 무명의 제자로 다룰 것이다. 예수께서 사랑하시는 제자라는 호칭이 실제 이름보다 그에 대해 훨씬 더 많은 것을 말해주기 때문이다.

"예수께서 사랑하시는 그 제자"라는 표현은 요한복음을 읽는 독자들로 하여금 어떤 중요한 인물을 기대하게 만든다. 하지만 실제로는 눈에 띄게 드러나지 않으며, 때로는 거의 알아채지 못할 정도로 요한복음의 이야기 속에 슬며시 등장했다가 사라진다. 아마도 그는 요한복음 1장에서 모호하게 익명으로 기록된, 안드레와 함께 나오는 두 사람 중 하나였을지도 모른다. 안드레와 함께 그는 이미 세례 요한의 제자였고, 예수께서 세상 죄를 지고 가는 하나님의 어린양이라는 스승의 선포를 듣고 둘 다 예수님의 첫 제자가 된다. 그러나 안드레는 형 베드로를 찾아 떠난 반면, 이 익명의 제자는 복음서에서 알아채지 않게 사라졌다가 13장 최후의 만찬 자리에서 예수님과 베드로 사이 자리에 있는 자로 다시 등장한다. 이에 관한 많은 설명은 없지만 최후의 만찬에서 자리 배치로 볼 때 "예수께서 사랑하시는 그 제자"가 이 만찬을 준비한 사람이었다.

예수님이 그의 왼쪽 상석에 앉으시고, 그다음 상석인 오른쪽에 베드로가 앉았다. 예수께서 사랑하시는 그 제자는 둘 사이에 위치했다. 만찬이 일어나고 있는 집 주인이 바로 그였기에 그 제자는 만찬의 주인 역할을 하고 있다(이것이 가장 설득력 있는 유일한 설명이다).

그렇다면 예수께서 사랑하시는 그 제자는 예루살렘 주민이었고, 예수님과 함께 다녔던 갈릴리 출신 제자들 가운데 하나가 아니었다. 그는 예수님이 자신과 함께 다니기로 선택하셨고 이후 새 이스라엘의 지도자로 세운 열두 제자 가운데 한 명이 아니었다. 그 제자는 마르다, 마리아, 나사로처럼 자신의 집에 살면서 예수께서 예루살렘을 오셨을 때 예수님을 알게 된 경우였다. 그것은 다른 복음서에서 그가 등장하지 않는 이유에 대한 부분적인 설명이 된다. 다른 복음서에서는 존재가 드러나지 않고, 심지어 자신이 기록한 복음서에서도 불필요하게 눈에 띄지 않았던 이 제자는 예수님의 이야기에서 주요 인물은 아닌 것 같다. 실제로 그의 역할은 거의 드러나지 않는다.

복음서 전체에서 그가 한 말은 몇 마디에 불과하다. 막달라 마리아, 마르다, 베다니 마리아, 빌립, 안드레, 도마보다도 적고, 베드로 같은 인물에 비하면 훨씬 더 비중이 적었다. 눈에 띄지는 않게, 그러나 매우 중요한 역할을 하면서 그는 단지 그 자리에 있었다. 최후의 만찬에서 예수님 옆에, 십자가 앞에서, 그리고 예수님이 부활하신 날 아침 그 빈 무덤에 처음으로 갔던 남자 제자로서 끝까지 자리를 지켰다.

그는 다른 열두 제자들처럼 예수님이 지도자로 택한 제자에 속하지는 않았다. 그러나 그는 전혀 다른 방식으로 선택받는다. 그는 "예수께서 사랑하시는 그 제자"였다. 물론 예수님이 사랑하신 유일한 제자였다는 말은 아니다. 마르다, 마리아, 나사로, 베다니 가족 모두 예수께서 사랑하셨다고 요한복음 11장은 기록한다. 그들은 예수님의 지인들이었다. 예수님은 제자들 모두 사랑하시되 끝까지 사랑하셨다고 요한복음은 예수님의 수난 이야기 초반에 기록하고 있다. 그럼에도 이 무명의 제자는 "예수께서 사랑하시는 그 제자"로 기록되었다. 오직 그만이 다른 이름이 아닌 유일하게 이 명칭으로 불렸다. 비록 그는 다른 갈릴리 제자들보다 예수님과 함께 지낸 시작은 적었지만 그럼에도 그는 예수님과 가장 가까운 제자였다.

그래서 베드로와 다른 제자들이 예수님을 실망시켜드렸을 때에도 그는 여성 제자들과 마찬가지로 끝까지 예수님께 충성했다. 또한 막달라 마리아, 예수님의 이모 마리아, 어머니 마리아와 함께 십자가 가까이에서 마지막까지 자리를 함께했다. 예수님은 자신의 어머니와 사랑하시는 그 제자, 가장 친밀했던 두 사람을 보면서 어머니에게는 "보소서, 아들이니이다"라고, 또 그 제자에겐 "보라, 네 어머니라"고 말씀하셨다. 예수님은 어머니를 돌보는 일을 그 제자에게 맡기셨다.

여러 주석가들은 이 사건에서 어떤 중요한 신학적 상징을 찾으려고 한다. 마치 그 말의 의미를 문자 그대로 받아들이기엔 복음서가 그런 사소한 것까지 기록했을 리가 없다는 생각해서다. 그러나 그 말의 표면적 의미는 사소하지 않다. 우리는 예수님의 말씀에 담긴 기본적인 인간애를 놓치지 말아야 한다.

예수님이 당하신 고통과 절망이 다른 것과 마찬가지로 인간적인 것이기에, 죽음을 앞둔 다른 모든 사람들처럼 예수님도 자신에게 가장 소중했던 사람들을 돌아보셨다. 어머니, 그리고 가장 친한 친구. 예수님이 모든 사람을 사랑하신다는 사실이 이 두 사람에 대한 특별한 애정과 사랑을 부정하는 것은 아니다. 예수님은 가족애와 우정이라는 인간이 갖는 애정의 가장 중요한 두 가지 형태를 인정하신다. 예수님은 자신의 어머니를 친구에게, 친구를 어머니에게 맡기면서 그 둘을 하나로 묶으셨다.

만약 우리가 이 사건에서 더 많은 것을 깨닫고자 한다면 예수님이 어머니와 친구를 향해 가졌던 온전히 인간적인 애정을 무시할 것이 아니라 좀 더 큰 맥락에서 봐야 한다. 우리는 십자가에 달리시고 죽으신 예수님을 통해 자신의 어머니와 친구 사이라는 이 새로운 관계 안에서 교회가 시작됨을 볼 수 있다.

예수님이 십자가에 달려 죽으시면서 자신의 어머니와 친구를 어머니와 아들로 묶어주지 않았다면 서로 아무 관계가 없을 수도 있는 것처럼, 교회 역시 우리를 위해 십자가에서 죽으신 예수님을 통해 새로운 관계가 맺어져 형성된 공동체임을 기억해야 한다. 그러나 만일 우리가 이런 추론을 따른다면 십자가 사건에서 일어난 철저한 인간적 실체는 매우 중요해진다. 우리 주변 사람들을 향한 진정한 관심과 애정 없이 인류애를 말하는 그런 추상적 사랑 개념에 사로잡히지 말아야 한다. 예수께서 교회 안에 만드신 관계는 바로 자신의 어머니와 친구를 향한 인간적 사랑의 연장선상에 있다. 게다가 자신의 어머니를 친구에게 맡기는 일은 매우 실제적인 일이다. 그 제자는 예수님의 어머니를 자기 집으로 모셨다.

만약 이것이 소위 교회 안의 관계를 보여주는 모델이라

면, 그리스도인들이 서로 관계를 맺는 방식은 마치 친구의 어머니를 돌보는 일을 맡은 예수님의 친구 또는 아들 대신 아들의 친구를 아들로 삼은 예수님의 어머니 같아야 한다는 말이다. 예수님은 십자가에 죽으시면서 인간적인 애정까지 없애지 않으셨다. 오히려 예수님은 인간적인 사랑에 새로운 생명력을 불어넣어 새로운 통로를 통해 더 깊어지며 동시에 확장되도록 했다.

예수님은 우리를 서로에게 맡기셨다. 우리 모두에게 서로를 돌보는 책임을 주신 것이다. 그러므로 교회는 가족의 사랑을 경험하지 못한 사람들이 그것을 경험하는 곳이 되어야 한다. 친구가 없는 이들이 친구를 사귈 수 있는 곳이어야 한다. 교회는 가족과 친구 간의 사랑이 서로에게 확장되는 곳이다. 교회는 오직 친밀한 관계에서 올 수 있는 도움이 필요한 사람들이 그것을 발견할 수 있는 곳이어야 한다.

이제 예수님께서 사랑하시는 제자로 돌아와, 우리는 질문해야 한다. 어떻게 우리는 그 제자의 눈으로 십자가를 볼 수 있을까? 예수님을 위해 기꺼이 목숨까지 바치려고 했으면서도 결정적인 순간에 비참하게 실패했고 그리고 다시 그 비극적 실패를 통해 예수님의 죽음이 자신에게 어떤 의미인지를 깨달았던 대단한 인물, 베드로. 예수님이 사랑하시는 그 제자에게는 그런 감동적이고 극적인 이야기는 없었다. 그저 평범하게 그 제자는 끝까지 예수님과 함께했을 뿐이다. 신의를 지키는 친구처럼. 이점에서 그는 막달라 마리아와 닮았다. 다만 막달라 마리아에게는 좀 더 극적인 드라마가 있었다는 사실이 다를 뿐이다. 마리아는 일곱 귀신이 들렸다가 예수님께 구원받았다. 우리는 마리아가 골고다 언덕에서 느꼈던 절망감, 특별히 십자가의 어두움이 그녀에게 어떤 의미였는지 상상해볼 수 있다.

예수님께서 사랑하시는 그 제자는 어땠을까? 십자가가 그에게 개인적으로 어떤 의미였는지 사실 우리는 전혀 모르며, 특별히 이 경우에 우리는 추측이나 상상을 하지 말아야 한다. 그럴 경우 예수님의 고난과 죽음 이야기에서 다른 모든 제자들과 달리 구별되는 그 제자에게만 있는 특별한 중요성을 우리는 놓치게 된다.

예수님께서 사랑하신 그 제자가 자신이 기록한 복음서에서 눈에 띄지 않는 것은 단순한 겸손 때문이 아니다. 예수님에 관한 이야기에서 자신이 맡은 역할이 예수님과 그분의 이야기에 관한 증인의 역할이기 때문이다. 그 제자는 매우 예리한 관찰자이며, 예수님과 가까웠고 사건들을 가까이서 지켜봤으며 따라서 누구보다 잘 이해하고 있던 사람이다. 이야기의 인물로서가 아니라 그 이야기와 의미에 대한 증인으로서의 역할이 바로 그가 중요한 이유다. 따라서 그는 이야기의 흐름을 주도할 목적이 아니라 단지 모든 정보를 수집하고 관찰하며 일어난 사건들을 이해한 후, 그것을 우리에게 알려주며 우리를 위해 해석하고 다른 누구보다 그 모든 것에 대한 의미를 우리에게 전달해주는 역할을 위해 존재한다.

따라서 사람들의 눈에 띄게 자신의 존재에 주의를 기울이게 하고 자신에 대해 우리에게 직접 말하는 유일한 지점은 바로 요한복음 19장 35절이다. "이를 본 자가 증언하였으니 그 증언이 참이라. 그가 자기의 말하는 것이 참인 줄 알고 너희로 믿게 하려 함이니라." 사실 그는 자신에 대해 다른 어떤 것도 알려주지 않는다. 그것이 자신이 증거하려는 일에 오히려 방해가 되기 때문이다. 그는 독자들이 자신에 대해 개인적으로 주목하는 것을 원하지 않는다. 증인으로서 자신의 역할은 자신이 본 것을 보여주는 것뿐이기 때문이다.

그가 자신의 눈으로 십자가를 보는 일은 십자가가 특별히 자신에게 어떤 의미인가를 이해하는 것이 아니라 우리 모두에게 십자가가 어떤 의미인가를 깨닫는 일이다. 그는 우리가 주의를 기울여야 하는 것이 무엇인지 알려주는 통찰력을 지닌 증인이다. 그는 예수님께 가장 가까이 있었기에 십자가 사건의 의미를 가장 깊이 그리고 멀리 볼 수 있었던 증인이다. 그는 자신이 본 것들과 그 안에서 깨달은 것들을 우리 역시 보고 알 수 있도록 이야기를 전해준다.

요한복음을 읽는 모든 독자들, 바로 우리에게 그가 증거하는 십자가의 의미는 특별한 것이다. 소수의 친구들과 몇몇 군인들에게 둘러싸여 십자가형을 당한 한 남자라는, 겉으로 보기에는 매우 평범하고 사소해 보이는 이 사건은 인간의 삶과 역사, 그리고 세상을 바꾸는 우주적 차원의 의미가 있다.

예수님께서 사랑하신 그 제자는 우리에게 자신이 본 것을 말해준다. 그것은 언뜻 보면 우리에게 로마제국 전체에 있는 수많은 십자가 사형수들 중 그날 십자가에 달려 죽은 한 사람에 불과하다. 그것은 분명 아무 특별한 의미가 없는 평범한 사건이었다. 그와 동일한 이야기가 아마도 수없이 많은 십자가 사형수들에 대해서도 있었을 것이다. 다만 아무도 굳이 그런 이야기를 전하려 하지 않았을 뿐. 굳이 뭐하러 그런 사형수나 사건에 관심을 가지겠는가. 그저 흔히 일어나는 사건일 뿐이다. 군인들은 예수님의 겉옷을 갖기 위해 제비뽑기를 했다. 몇 명의 친척과 친구들, 지극히 평범한 보통 사람들이 십자가 주변에 모여 있다. 사형수는 자신의 어머니를 친구에게 부탁한다. 목이 말라 그는 마실 것을 달라고 한다. 그리고 누군가 그를 불쌍히 여겨 신 포도주를 가져다준다. "다 이루었다"라는 말을 남기고 마지막 숨을 거둔다. 군인들은 십자가 주위를 돌아다니며 사형수들의 다리를 부러뜨려 확실하게 죽었는지 확인한다. 그런데 예수님은 이미 죽은 것을 확인하고 다리를 부러뜨리는 대신 창으로 옆구리를 찌른다.

겉으로 보면 평범한 장면을 건조하게 관찰하고 기록한 이야기다. 그러나 우리의 증인은 그 이상을 보았고, 우리에게도 그것을 볼 수 있도록 해준다. 눈으로만 보기엔 그저 평범한 이 사건들 안에 세상과 역사를 바꾼 의미가 담겨 있음을 보게 해준다. 그는 다른 복음서 기자들처럼 하지 않는다. 십자가 사건을 한낮의 어두움, 지진, 찢어진 휘장 같은 중요성과 의미가 담긴 우주적 상징을 동원해 묘사하지 않는다. 요한복음에는 다른 복음서에서 관찰할 수 없는 내용이 들어 있지 않다. 보통의 관찰자가 주목할 만한 어떤 내용도 들어 있지 않다. 그러나 예리한 목격자라면 전부 분별

할 수 있는 것들이다.

우주적 중요성, 세상을 바구는 의미 등이 이 사건의 인간적 평범성 안에 숨어 있기 때문이다. 다른 모든 십자가 처형과 구별되는 점은 바로 이것이다. 십자가 위에서 온 우주를 창조하신 하나님이 지극히 인간적인 죽음을 경험하셨다는 사실이다. 게다가 그런 죽음을 겪으신 분이 다름 아닌 만물의 창조자이시기에 더욱 인간적인 것이다. 그 사실은 십자가형의 특별할 것 없는 인간적 평범함을 변화시키지 못하지만 예리한 통찰력을 가진 그 증인에게는 놀라운 의미로 다가온다. 자신의 눈으로 그 사건들을 바라본 후 자신이 관찰한 것과 통찰한 것들을 사람들에게 전할 때, 우리의 눈에는 그것들이 비록 평범해 보이지만 그것이 온 피조물을 향한 하나님의 모든 목적과 계획이 담겨 있는 사건임을 깨닫게 된다.

십자가 사건을 증거하는 자가 이미 자신이 인용한 말씀들이 신뢰할 만한 진리임을 확인하면서 자신의 증언에 사람들을 주목하게 하는 지점은 사실 예수님의 죽음 자체가 아니라 예수님의 죽음 직후 이어서 일어나는 일련의 사건들과 관계가 있다. 그는 자신이 본 것의 두 가지 면을 주목하게 한다. 먼저 예수님의 다리는 부러지지 않았다. 둘째,

예수님의 옆구리에서 피와 물이 흘렀다.

예수님의 다리는 부러지지 않았다. 성경이 유월절 어린양에 대해 기록했듯이, "그 뼈가 하나도 꺾이지 아니하리라." 따라서 예수님은 세례 요한이 요한복음 초반에서 언급한 말로 볼 수 있다. "세상 죄를 지고 가는 하나님의 어린양." 예수님은 새로운 유월절 어린양, 즉 세상을 위한 유월절 어린양이다. 이스라엘의 어린양은 애굽의 압제와 노예 상태로부터 이스라엘에게 위대한 구원을 가져다주었다. 예수님은 온 세상을 구원하시기 위한 어린양이다. 모든 인류가 노예 상태, 압제, 죄, 악, 사망에서 출애굽하여 하나님과 동행하는 새로운 삶을 살 수 있게 해방시킨다. 이는 역사의 전환점이다.

그 어떤 로마 역사가도 알아채지 못한 한 이름 없는 죄수의 치욕스러운 죽음이 하나님께서 세상의 악을 무너뜨리고 우리 모두가 자유롭게 될 수 있는 길을 열어준 전환점이 되었다.

예수님의 옆구리 상처에서 피와 물이 흘렀다. 출애굽 때 이스라엘에 구원을 가져다준 것은 유월절 어린양의 제사였다. 피를 흘려야 했다. 그렇다면 피는 우리를 죄로부터 정결케하고, 악으로부터 구원하는 예수님의 죽음이 가져온 희생 제사의 능력이다. 예수님의 옆구리에서는 또한 물이 흘렀다. 이는 생명을 주는 생명수, 예수께서 우리에게 주시겠다고 약속하신 성령의 삶이다. 세상의 죄를 씻어주는 피, 그리고 세상에 생명을 주는 물. 과거를 깨끗하게 해주는 피, 미래로 흐르는 물. 인간 역사를 통한 그 모든 인간들의 측량 못할 악행, 더러운 죄, 비참한 실패에도 불구하고 예수님의 피는 흐른다. 그리고 모두에게 새로운 생명을 주기 위해, 그리고 버려지고 망가지고 지친 삶 대신 새로운 삶을, 그리고 모든 죽어가는 하나님의 피조물들을 사망에서 생명으로 옮기기 위해, 생명이 영원토록 무궁무진하게 솟아오르도록 생명수가 십자가에 달린 예수님의 옆구리에서 흐른다.

이것은 의미에 대한 설명이 아니라 본 모습 그대로의 기록이다. 그래서 우리는 여전히 "결국 그건 평범하고 사소한 사건 아닌가?"라고 말할지 모른다. 증인이 본 것이 사실일지는 모르지만, 우리는 그가 깨달은 의미까지 신뢰할 수 있을까? 이에 대해 그가 우리에게 주는 유일한 대답은 내 생각에는 그의 증언뿐이다. "이를 본 자가 증언하였으니 그 증언이 참이라. 그가 자기의 말하는 것이 참인 줄 알고 너희로 믿게 하려 함이니라"요 19:35. 그가 말할 수 있는 것이라고는 자신이 깨달은 것을 우리 또한 알게 될 때까지 계속 십자가를 바라보라는 말뿐이다. 그리고 마지막으로 성경을 기록하면서 그가 인용한 수많은 선지자의 증언들 중 결정적 증거 본문은 바로 스가랴서다. "그들이 그 찌른 바 그를 바라보고"슥 12:10. 우리는 상처받고 죽으신 예수님을 바라본다.

소름끼치는 잔혹함과 무너진 희망. 우리가 바로 이 장면으로 우리 삶을 가져갈 때 십자가에 달린 예수님이 우리 삶 가운데로 들어오신다. 우리는 우리를 위해 십자가에 달리신 예수님의 모습이 바로 우리와 세상의 새로운 시작임이 증명될 때까지 십자가를 바라본다.

―――――――――― 기도와 묵상 ――――――――――

아무것도 요구하지 않으시고

내 모습 이대로

당신에게 오라고 저에게 말씀하셨습니다.

그러나 당신은 저를 위해 피를 흘리셨습니다.

오, 하나님의 어린양이여, 당신께 갑니다.


주 예수님 당신이 사랑하신 제자와 함께 십자가를 바라봅니다.

고개를 숙인 채 당신의 영혼을 내려놓는 것을 봅니다.

창으로 찔린 옆구리에서

그 피와 물이 흘러나오는 것을 봅니다.


하나님의 어린양, 주 예수여

우리를 위해 피 흘려 주신 분

죄의 더러움에서 우리를 정결케 하시고

죄의 무게로부터 우리를 들어올리시며

악의 횡포로부터 우리를 자유케 하십니다.

하나님을 저항하는 우리 안의 모든 것을 없애주시고
하나님을 위한 삶을 방해하는 모든 것을 내려놓게 하소서.

영원한 반석이신 예수님
당신에게서 흘러나오는 생명수로
진리의 삶에 목마른 우리를 채워주시고
우리 안에 싹튼 새로운 삶의 씨앗을 키워주시며
우리를 당신의 영으로 충만하게 하소서.

하나님의 영원하심 속에 우리가 거할 수 있게 하소서.
하나님과 이웃을 위해 드릴 수 있는 삶이 되도록 인도하소서.

## 원하지 않았던 기적

"네가 만일 하나님의 아들이어든…십자가에서 내려오라"마 27:40. 못 세 개를 빼는 것은 목수의 아들에게는 단순한 일이다. 아버지 요셉의 목공소에서 서른 살까지 일을 도왔던 예수님은 지금 이렇게 십자가에 못박혀 있다. 그는 아마도 냄새와 나무결로 목재를 구별할 수 있었을 것이다. 세 개의 못은 나무의 하얀 섬유조직 속으로 깊이 박혔다. 그는 얼마나 많은 못을 나무에 박고 또 빼냈던가. 그는 못을 어떻게 빼는지 알고 있었다. 기적이라고 말할 수 없을 정도로 너무나 쉬운 일이었을 것이다.

군중들은 소리질렀다. "사기꾼아, 거기서 내려와봐라!" 십자가 위에서 예수님은 하나님을 모독하는 그들의 입, 놀림과 조롱으로 움직이는 입 틈으로 번뜩이는 이빨까지 볼 수 있었다. 그는 몸을 굽힌 채 열심히 주사위를 던지는 군병들의 머리와 햇빛에 그을린 구릿빛 어깨 근육을 볼 수 있었다. 그는 저녁이 되면 세상의 길 위에 혼자 남겨질 작고 검은 개미와 같은 그의 어머니를 보았다.

그렇다. 그는 이 십자가에서 내려올 수 있었다. 지금쯤 모든 것이 성취되었다. 그는 아버지 앞에서 후회하지 않을 것이다. 세상을 구원하는 데는 뜰 안에서 흘린 첫 번째 눈물, 채찍 아래서 터져나온 한 방울의 피만으로도 충분하지 않은가? 인간의 감옥으로 들어가는 생소한 여정 없이, 더 이상 감당하기 어려운 육체의 고통 없이도 "이것이 내가 원하는 것이다"라고 말하는 것으로 충분하지 않았겠는가? 그는 이미 고통의 잔을 비웠다. 그의 몸은 더 이상 고통받을 수 없었다. 그것은 더 이상 육체가 아니기 때문이다. 마지막 핏방울마저 다 흘렸다. 이제 죽는 것 자체는 너무나 쉬운 일이라 더 이상의 희생은 의미가 없을 정도였다.

그것은 단순하고 조용한 기적이 될 것이다. 마치 사다리에서처럼 십자가에서 내려올 것이다. 천사들은 즉시 그의 붉은 상처를 장미꽃으로 변하게 할 것이고, 아무 상처 없이 온전한 몸으로 땅 위로 내려올 것이다. 십자가에서 내려온 후 그는 언덕을 내려가 베다니에 있는 나사로의 집에 갈 것이다. 바로 그 저녁에, 두 자매 집의 은은한 빛 속에서 마리아는 예수님이 말씀하시는 놀라운 이야기를 들을 것이다.

그렇다. 만약 그가 세상이 그를 믿기 원했다면 이것이야말로 분명 가장 필요한 기적이었을 것이다. 십자가에서 스스로 내려오는 것. 그 외에 다른 아무것도 필요하지 않았을 것이고 또 수많은 순교자들의 목숨도 구할 수 있었을 것이다.

우리였다면 분명 내려왔을 것이다. 우리의 어머니들과 우리의 상식은 우리의 손과 발의 못을 빼내기도 전에 우리를 십자가로부터 떼어냈을 것이다. 우리는 언덕 위에 피를 흘리면서 달려갔을 것이다. 자신들이 무슨 짓을 저질렀는지 깨닫고 공포에 질린 사람들이 마침내 우리를 높여줄 그 보좌를 향해.

그러나 그는 이러한 기적을 원치 않았다. 십자가 위의 이 사람은 만약 그렇게 했다면 십자가에서 내려와 그의 발이 땅에 닿는 순간, 복음서가 우리에게 전한 모든 기적들이 순식간에 무의미하게 된다는 것을 알고 있었다. 중풍병에서 온전하게 된 사람은 다시 침상에 눕게 되고 혈루병을 치유받은 여자는 다시 피를 흘리기 시작할 것이며, 여리고의 소경은 다시 어둠 속에 빠지고, 열 명의 문둥병자들은 다시 나병의 고통에 빠질 것이다. 그리고 나사로와 같이 죽었다 살아난 사람들은 다시 그들이 나왔던 무덤 속으로 영원히 사라질 것이다. 급작스럽게 다 말라버린 거대한 바다의 물고기 같이 사람들은 조용한 대학살 속에서 고통 속에 몸부림칠 것이다.

  우리는 이해할 수 없다. 우리는 죽음으로 영생의 대가를 치를 수 있다는 것, 그리고 한 사람의 가슴에서 나오는 마지막 호흡이 밤하늘의 반짝이는 모든 별보다 더 가치 있다는 것을 믿지 못할 것이다. 그러나 삶과 죽음 그리고 모든 별들을 창조하신 그분은 아신다. 그리고 바짝 마른 입술로 대답하신다. "그리 아니하겠노라."

_루이지 산투치

─── 십자가에서 짐을 내려놓다 ───

그때 나는 꿈에서 크리스천이 올라가려고 하는 길 양쪽의 높은 울타리를 보았는데 그 울타리의 이름은 구원이었다사 26:1. 무거운 짐을 등에 진 크리스천은 이 길을 달려 가는 동안 무척 고통스러워했다.

하지만 쉬지 않고 계속 뛰어가 마침내 어떤 언덕에 이르렀는데 그곳에 십자가가 있었고 좀 아래로 떨어진 곳에 무덤이 입을 크게 벌린 채 놓여 있었다. 크리스천이 십자가 위로 올라가려는 순간 어깨에서 짐이 풀어졌고 끝없이 미끄러져 내려와 결국 무덤 안으로 굴러 떨어져 보이지 않게 되었다.

이것을 본 크리스천은 무거운 짐을 벗어버린 홀가분함과 즐거운 마음에 이렇게 말했다. "주께서 괴로움을 당함으로 내게 평안을 주셨고 주께서 목숨을 버리사 내게 영생을 주셨나이다."

십자가 앞에 이르자 그토록 무거웠던 짐이 벗어졌고 가벼운 몸이 된 크리스천은 매우 놀란 모습으로 한동안 서서 신기하다는 듯이 이곳저곳을 바라보았다. 그는 기쁨에 겨워 눈물이 두 뺨에 흐르는 것도 느끼지 못한 채 십자가를 계속 바라보며 서 있었다슥 12:10.

  바로 그때 광채를 발하는 세 사람이 그에게 다가와 "평안할지어다" 하고 인사를 했다. 그중 첫 번째 사람은 "당신의 죄는 사함을 받았습니다"막 2:5라고 말했고, 두 번째 사람은 크리스천의 누더기 옷을 새 옷으로 갈아입혔고, 세 번째 사람은 크리스천의 이마에 표를 달아주며 봉인된 두루마리를 건네주었다슥 3:4; 엡 1:13. 그는 크리스천에게, 길을 가는 동안 두루마리에 적힌 내용을 읽고 천국문에 이르렀을 때 그것을 보여주라고 말하고는 함께 떠나갔다. 그러자 크리스천은 기쁨에 겨워 껑충껑충 뛰면서 신이 나서 노래를 흥얼거리며 길을 떠났다.

_존 번연의 《천로역정》 중에서

*At The Cross*

## 십자가에서
**예수님을 만났던 사람들이 본 십자가의 의미**

**초판 1쇄 발행** 2021년 2월 22일
**초판 2쇄 발행** 2022년 12월 22일

**지은이** 리처드 보컴 · 트레버 하트
**옮긴이** 김동규

**펴낸이** 김태희
**펴낸곳** 터치북스

**출판등록** 2017년 8월 21일(제 2020-000174호)
**주소** 경기도 고양시 덕양구 통일로 800, 2층(관산동)
**전화** 031-963-5664  **팩스** 031-962-5664
**이메일** 1262531@hanmail.net

ISBN  979-11-85098-40-1

책값은 표지에 있습니다.
잘못 만들어진 책은 구입한 곳에서 바꿔 드립니다.